I0406841

La gestión del testimonio
y la administración de las víctimas:
el escenario transicional en Colombia
durante la Ley de Justicia y Paz

BIBLIOTECA UNIVERSITARIA
Ciencias Sociales y Humanidades

Temas para el diálogo y el debate

La gestión del testimonio
y la administración de las víctimas:
el escenario transicional en Colombia
durante la Ley de Justicia y Paz

Juan Pablo Aranguren Romero

Siglo del Hombre Editores

CLACSO

Aranguren Romero, Juan Pablo
    La gestión del testimonio y la administración de las víctimas: el escenario transicional en Colombia durante la Ley de Justicia y Paz / Juan Pablo Aranguren Romero.
    – Bogotá: Siglo del Hombre Editores y CLACSO, 2012.

    128 p.; 21 cm.
    Incluye bibliografía.

    1. Ley de justicia y paz - Colombia 2. Solución de conflictos - Colombia 2. Justicia restaurativa - Colombia 3. Justicia transicional - Colombia I. Tít.

304.80986 cd 21 ed.
A1323324

        CEP-Banco de la República-Biblioteca Luis Ángel Arango

© Juan Pablo Aranguren Romero

Primera edición, 2012

© CLACSO
Consejo Latinoamericano de Ciencias Sociales-
Conselho Latino-Americano de Ciências Sociais
Av. Callao 875, piso 5.º C1023AAB Ciudad de Buenos Aires, Argentina
Tel.: (54-11) 4811-6588 Fax: (54-11) 4812-8459
www.clacso.org; clacso@clacso.edu.ar

© Siglo del Hombre Editores
Cra 31A n.º 25B-50 Bogotá D.C., Colombia
PBX: (57-1) 337-7700 Fax: (57-1) 337-7665
www.siglodelhombre.com

Fotografía de carátula
Natalia Santos Amado, *Huella*, 2011

Carátula
Alejandro Ospina

Armada electrónica
Ángel David Reyes Durán

ISBN: 978-958-665-204-9

Impresión
Panamericana Formas e Impresos S. A.
Calle 65 n.º 95-28 Bogotá D. C.

Impreso en Colombia-Printed in Colombia

ÍNDICE

INTRODUCCIÓN

Una lectura de los contextos en los que se han generado las dinámicas de violencia en Colombia, como de las dinámicas socio-históricas y culturales e identitarias de las víctimas y de sus familiares, es fundamental para el desarrollo de una política pública de reparación. Este aspecto supone el reconocimiento tanto de las condiciones diferenciales (étnicas, sociales, políticas y de género) de los impactos de la violencia, como de las estrategias de afrontamiento individuales y colectivas. Implica empezar a develar el entramado de violencias que subyacen al proceso de constitución del Estado-nación en Colombia. Un reconocimiento de este nivel permitiría reenfocar la mirada en las condiciones de posibilidad de la reparación integral de las víctimas, pues abriría el camino para entrever una larga historia de silenciamientos y despojos que se han ido sumando uno tras otro en la constitución misma de la sociedad colombiana —y que impiden, por ejemplo, escuchar las voces de los históricamente marginados—, o que terminan por usar los procesos de rememoración que no encajan en el orden actual. Como se sabe, el marco político y jurídico creado en Colombia para reparar a las víctimas, a partir de la Ley 975 de 2005, se sostuvo desde sus inicios en una lectura y un análisis del contexto que limitaba la coherencia de la política y no consideraba la diversidad y pluralidad de las víctimas ni la multiplicidad de violencias que forman ese entramado de graves violaciones a los DD. HH. (CIDH, 2006). Si bien, como resultado de la implementación de la ley, varios mecanismos de participación de las víctimas se pusieron en marcha, y si bien se abrieron a discusión pública varios temas que se habían tratado de forma marginal, tales como los críme-nes de los paramilitares o la reparación de las víctimas, el balan-ce que deja la aplicación de la ley entre 2005 y 2010 es que dicha normatividad se convirtió en un conjunto de formalidades en las que el camino efectivo de participación de las víctimas estaba deliberadamente restringido. A la par, las víctimas de crímenes de Estado han visto cómo las formas de administración de la vio-lencia perduran, pese a los procesos de reinserción de los grupos paramilitares, y cómo desde distintos sectores políticos se insiste en desconocer la responsabilidad del Estado en la generación y el sostenimiento de prácticas de violencia.

Esta investigación analiza el lugar que ocupan las víctimas de crímenes de Estado en Colombia en los escenarios transiciona-les creados a partir de la implementación de la Ley 975 de 2005, conocida como *Ley de Justicia y Paz*. Tomando como referencia los escenarios que han surgido a partir de dicha ley, se conside-ran algunos de los marcos de participación determinados para las víctimas en los escenarios judiciales, algunas de las prácticas que se generan como resultado de la reinserción paramilitar y algu-nos de los lugares que ocupan las memorias de las víctimas en las políticas de memoria histórica durante el periodo comprendido entre los años 2005 y 2010.

En el primer capítulo se exponen algunos de los antecedentes de la Ley 975 de 2005, denominada *Ley de Justicia y Paz*, se anali-za el impacto de dicha norma y las implicaciones de su definición como marco jurídico "transicional". Posteriormente se estudia la manera como el proceso de paz con los grupos paramilitares, si bien propició que miles de combatientes depusieran las armas, mantuvo vigentes sus estructuras y sus áreas de influencia, y se discuten los efectos de esta permanencia.

En el segundo capítulo se realiza un análisis del contexto de producción de la iniciativa de memoria histórica construida bajo la Ley 975 de 2005. Mediante la revisión de las tensiones que supuso la constitución del Grupo de Memoria Histórica (GMH), se analizan tanto las percepciones de los comisionados e investigadores de este grupo sobre los alcances de su trabajo, como los puntos de crítica y debate que surgieron entre las organizaciones de víctimas sobre la presencia de dichos investigadores en una política estatal de memoria con la que muchas víctimas no se sienten reconocidas. Para ello este capítulo revisa algunos de los informes producidos por el GMH y analiza las entrevistas a algunos de sus investigadores y a personas vinculadas con el trabajo del Movimiento Nacional de Víctimas de Crímenes de Estado.

En el tercer capítulo se recorre el proceso de trámite de la fallida Ley de Víctimas, que hizo su curso en el Congreso de la República.[1] Se discuten las implicaciones del concepto de *reparación* asociado a la idea de *solidaridad*, propuesto por el Estado, y la demanda de las víctimas de que dicha reparación se sustente en la obligación del Estado como responsable (por acción u omisión) de los crímenes cometidos. El análisis aquí toma como referencia los discursos sobre los que se sustentan las diferentes posturas en torno a la reparación, los conceptos que se construyen sobre la responsabilidad del Estado, así como la noción de *víctima* que subyace a este proceso.

La investigación contempló la revisión documental en prensa y archivos, la realización de entrevistas y el registro de observación en eventos o espacios de discusión. En ese sentido, la investigación contempló la revisión y el análisis de documentos oficiales producidos en el marco de la Ley 975 por la Comisión Nacional de Reparación y Reconciliación, incluidos sus mandatos institucionales y sus formulaciones jurídicas, y se prestó particular interés a los documentos producidos por el Grupo de Memoria Histórica. También se consultaron los informes producidos por el GMH y se hicieron registros etnográficos de los eventos convocados para el lanzamiento de los mismos. A partir de los docu-

---

[1] Es importante notar que en 2011, durante el gobierno de Juan Manuel Santos, se aprobó una nueva Ley de Víctimas, que no es analizada en este trabajo.

mentos oficiales, de la revisión de los informes y del registro de los eventos se hizo una lectura de las narrativas construidas en torno al pasado, a las víctimas, a la reparación, a la guerra, a la memoria, al lugar político de la Academia y a la emblematización del testimonio. Por otro lado, se revisaron y analizaron los debates producidos en el Congreso a propósito de la fallida Ley de Víctimas discutida al final del segundo período presidencial de Álvaro Uribe. Para tal fin se indagaron fuentes primarias y secundarias y documentos de prensa, y se construyó una matriz de análisis encaminada a trazar una línea de tiempo del trámite legislativo. Finalmente se realizaron entrevistas a tres de los investigadores principales del Grupo de Memoria Histórica y a integrantes del Movimiento Nacional de Víctimas de Crímenes de Estado, se sistematizó esta información y se contrastó con el análisis documental y de prensa. A todas las personas que compartieron conmigo su experiencia, les agradezco este acto de confianza.

* * *

Esta investigación fue posible gracias al apoyo del Consejo Latinoamericano de Ciencias Sociales (CLACSO), por medio de una beca de investigación en la categoría de consolidación académica, que me fue concedida en el año 2010. A todo el equipo de CLACSO le agradezco por su respaldo y permanente retroalimentación y por confiar en esta investigación y en su coedición con el maravilloso equipo de Siglo del Hombre Editores, al que también le extiendo este agradecimiento. Muchas de las discusiones aquí planteadas pudieron surgir en el marco de la coincidencia de amistades y complicidades con Alejandro Castillejo y Sandro Jiménez, con quienes confluimos en un análisis crítico de los escenarios transicionales y generamos debates alrededor de este y otros temas. A ellos, así como a Ángel Nogueira y Juanita Sanz de Santamaría, les agradezco su voluntad para facilitar estos debates críticos. Finalmente, le doy las gracias a Mile, mi compañera de vida y mi soporte, quien inspira permanentemente mis letras y mis sueños.

1. JUSTICIA Y PAZ EN TIEMPOS DE IMPUNIDAD Y GUERRA

La Ley 975 de 2005, conocida como *Ley de Justicia y Paz*, proveyó un marco jurídico para los procesos de reinserción y desmovilización de los grupos paramilitares de Colombia y al mismo tiempo terminó por enmarcar la creación de escenarios transicionales y por definir sus reglas de juego. Originalmente esta ley fue propuesta por el Gobierno con el ánimo de otorgar beneficios jurídicos a los paramilitares a cambio de la dejación de armas; sin embargo, como resultado de los rechazos y las presiones de diferentes sectores sociales que pusieron en evidencia la manera como los contenidos de la ley favorecían la impunidad y la forma en que permitía que los paramilitares entraran en un proceso de reinserción sin ningún tipo de investigación por los crímenes cometidos, o sin aportar nada a la reparación de sus víctimas, sus promotores se vieron obligados a modificar su contenido y a realizar una serie de ajustes conducentes a que dicha norma fuera consecuente con las nociones de *transición* y *paz* que supuestamente encarnaba. Aunque la ley se reformó, las limitaciones a las garantías de los derechos de las víctimas siguieron estando presentes.

En realidad, la Ley de Justicia y Paz no se formuló con el ánimo de favorecer, en sentido estricto, un escenario transicional. En primer lugar, porque dicha ley buscó llenar los vacíos de los marcos jurídicos precedentes que, de hecho, ya permitían que los excombatientes de los grupos armados ilegales ingresaran a un proceso de desmovilización y reinserción sin una investigación rigurosa de los crímenes que habían cometido y sin requerir ningún tipo de reparación que beneficiara a las víctimas. De tal modo, la Ley 975 de 2005 vino a complementar la implementación de la Ley 782 de 2002 y la aplicación del Decreto Reglamentario 128 de 2003. La ley 782 y el Decreto 128 fueron los mecanismos jurídicos mediante los cuales la mayoría de los paramilitares se desmovilizó sin ningún tipo de proceso penal. En esa medida, la Ley 975 de 2005, en realidad, termina ocupándose solamente de un grupo menor de paramilitares, en particular, sus jefes y algunas de sus cabezas visibles. De los casi 50 000 paramilitares desmovilizados, tan solo 3751 fueron postulados por el Gobierno para entrar bajo el proceso de la Ley de Justicia y Paz[1] (Movice, 2009).

En segundo lugar, porque la Ley 975, al igual que los marcos jurídicos precedentes (Ley 782 y Decreto 128), se formuló en concordancia con una política que buscaba incentivar la dejación de armas de personas y grupos armados al margen de la ley y no con el fin de establecer garantías para los derechos de las víctimas. Es decir, en realidad estas leyes estaban más en sintonía con una política destinada al debilitamiento de los grupos armados ilegales y a la desvinculación de los combatientes[2] que con el establecimiento de la paz mediante la garantía de los derechos a la verdad, la justicia o la reparación.

---

[1]   La Ley 975 señala que "la reinserción a la vida civil de las personas que puedan ser favorecidas con amnistía, indulto o cualquier otro beneficio establecido en la Ley 782 de 2002, se regirá por lo dispuesto en dicha ley" (cap. 1, art. 2).

[2]   De hecho, el Decreto 128 formula una serie de incentivos a los desmovilizados que colaboren con información conducente a desarticular los grupos armados. Toda vez que el monto económico de estos incentivos supera ampliamente el valor de los beneficios otorgados en el programa de reinserción (salud, educación, apoyo a proyectos productivos), un número considerable de los excombatientes vinculados a estos programas en realidad continuaron participando en actividades bélicas, de la mano de las fuerzas militares. Esto, además de poner en duda un proceso efectivo de reinserción a la vida civil, pone también en evidencia el carácter bélico que trasciende este escenario.

En tercer lugar, porque, al igual que la Ley 782 y su decreto reglamentario, la Ley 975 no contempla la participación efectiva y real de las víctimas, sino, por el contrario, sujeta las posibilidades de una verdad procesal solamente a las confesiones de los victimarios y al incentivo que supone dicha confesión (rebaja de pena). En ese sentido, la Ley 975 supedita la garantía de los derechos de las víctimas a un procedimiento judicial basado en el incentivo del victimario, anclando la verdad procesal a la versión suministrada por el imputado en la versión libre.

El marco jurídico que se generó a partir de la formulación de la Ley de Justicia y Paz originalmente no respondía a ningún estándar internacional en materia de justicia transicional. Varias de sus modificaciones, en este sentido, fueron el resultado de la presión de los movimientos de víctimas, de las organizaciones defensoras de derechos humanos y de sectores académicos que hicieron que la ley tuviera en consideración no solo el proceso de desmovilización paramilitar y los beneficios e incentivos para los combatientes, sino también los derechos de las víctimas a la verdad, la justicia y la reparación. Así lo explica el representante a la Cámara e integrante del Movimiento Nacional de Víctimas de Crímenes de Estado (Movice), Iván Cepeda:

> Bueno, la Ley de Justicia y Paz, más que una norma, es un proceso; un proceso que ha tenido varios momentos, que es el resultado de un pulso muy fuerte entre quienes querían un proceso sin ninguna clase de verdad ni de justicia y sectores del poder judicial, sectores de las ONG de derechos humanos y de las propias víctimas, y por eso es un resultado híbrido, no es un resultado en blanco y negro. Primero hay que recordar que el Gobierno incluso ni siquiera pretendía la existencia de una norma; el primer proyecto que fue puesto en discusión por el gobierno de Uribe fue el de referendo, que pretendía incluir una pregunta en la que los ciudadanos estarían ante la opción de otorgar medidas de impunidad que iban desde el indulto, la amnistía o simplemente la inhibición de cualquier acto judicial, hasta beneficios políticos como otorgar a los paramilitares la facultad de acceder al Congreso a cambio de la paz. La pregunta

fue debidamente anulada por la Corte Constitucional, pues se declaró esa pregunta del referendo de 2002 como inconstitucional. Luego vino todo el proceso en el que el Gobierno presentó leyes que tuvieron distinto nombre, leyes de justicia…, ni siquiera *justicia transicional…* En esa época tenía otro nombre; no me acuerdo exactamente la denominación que le dieron, pero eran proyectos de ley que ni siquiera incluían los términos de *verdad, justicia y reparación*, hasta la aprobación de la Ley de Justicia y Paz en 2005, que fue el producto de una intervención muy fuerte de Naciones Unidas, de Amnistía Internacional, de otras organizaciones internacionales, de las propias organizaciones de víctimas y de derechos humanos de Colombia. Ellas de alguna manera modularon la ley que había propuesto el Gobierno, que era muy insatisfactoria. La Ley de Justicia y Paz en su versión original no creaba ninguna condición seria para que hubiera verdad; no ponía ninguna clase de requisitos para que los desmovilizados tuvieran que confesar, ni tampoco exigía reparación; simplemente se basaba en el principio de buena fe de quienes accedieran a ese mecanismo; era esa clase de invitación a que confesaran. Fue la Corte Constitucional, en su revisión, la que puso unas primeras salvaguardas y condiciones que garantizaban la verdad. Pero incluso después de la sentencia con relación a la Ley de Justicia y Paz el Gobierno puso a operar una serie de decretos que limitaban esa sentencia, y hasta el presente esto ha sido un pulso por ver cómo se aplica la ley, si se cumple o no el requisito de verdad, si se cumple o no el requisito de reparación. Vino la extradición de los principales jefes paramilitares, han venido otras sentencias o pronunciamientos que elevan el estándar de la Ley de Justicia y Paz, y la verdad es que todavía estamos en un proceso en curso. Una evaluación concluyente es todavía prematura. Lo que se ha logrado puede permitir algún tipo de verdad y de justicia, pero todo eso está todavía sometido a una serie de situaciones que escapan a cualquier predicción definitiva.

Complemento: lo importante de todo ese proceso es que paralelamente a él surgió otro que no estaba en ningún tipo de cálculo, que es el proceso por parapolítica; el avance de los juicios por la vía ordinaria; la estimulación de la opinión pública; el surgimiento de un movimiento de víctimas —ya no solamente de organizaciones atomizadas—; la conciencia de la sociedad sobre la importancia de la verdad, la justicia y la reparación; la misma caracterización de la víctima… Todo esto se ha venido consolidando en este proceso. [Entrevista a Iván Cepeda (en adelante, I. C.) 2010].

Con todo, pese a las modificaciones que tuvieron lugar como resultado de la Sentencia C-370 de la Corte Constitucional, la Ley 975 siguió proveyendo garantías para los victimarios por encima de los derechos de las víctimas. Así, el escenario de justicia que se buscó implementar en Colombia a partir de la Ley 975 de 2005 considera que quien tiene que hablar y testimoniar es el victimario, y no la víctima.[3] Si bien el testimonio del victimario resulta fundamental en los procesos de verdad y justicia, la ley tiende a desconocer a las víctimas en este proceso. Evidentemente, si solo las víctimas hablaran y los victimarios no confesaran sus crímenes, se gestaría también un proceso de revictimización. Aunque, en realidad las víctimas han testimoniado y denunciado durante mucho tiempo los crímenes de los perpetradores. De hecho, en muchos casos con todas las pruebas en la mano. Sin embargo, para efectos del proceso de "justicia y paz" su testimonio tiende

---

[3] Esta es la lógica que ha prevalecido a lo largo de las versiones libres de los paramilitares. La sentencia T-049-08, de 23 de enero de 2008 de la Corte Constitucional, subraya que las víctimas "solo pueden interrogar y contrainterrogar, solicitar aclaraciones y verificaciones en las diligencias de versión libre en los procesos de justicia y paz, mediante el fiscal investigador y no por sí mismas; esta restricción no viola sus derechos fundamentales porque la etapa de la investigación no se caracteriza por la confrontación de partes; su objetivo es averiguar y verificar la veracidad de lo ocurrido. Resulta claro que la diligencia de versión libre no está destinada a adelantar el contradictorio entre las partes afectadas por el delito, ni a iniciar el debate probatorio, ni a discutir sobre la veracidad de lo afirmado: con esa diligencia simplemente se trata de iniciar la investigación de los hechos sucedidos y de los autores de los delitos confesados para que, una vez verificada la información, la realidad y seriedad de lo afirmado por el desmovilizado, se presente el caso ante el juez competente para su valoración y juzgamiento". En el mismo sentido, la Corte Suprema de Justicia señaló en septiembre de 2009 que las víctimas en realidad solo pueden participar activamente en la audiencia de legalización de cargos, no antes.

a considerarse marginal y de un menor "efecto de verdad" que el del victimario.[4]

Puesto así, la verdad se estatuye a partir de la palabra del victimario, quien "desmitifica" las versiones "marginales" de la violencia para la opinión pública. Una muestra de ello se puede leer en una nota de prensa del periódico colombiano *El Tiempo*:

> Pruebas de coraje. De esa manera llamaban los paramilitares a los entrenamientos que les impartían a sus reclutas para que aprendieran a descuartizar personas vivas. Inicialmente, *las autoridades desestimaron las versiones de campesinos* que denunciaban esta práctica y les atribuían a estos "cursos" la desaparición de personas. Pero *cuando los propios combatientes* empezaron a admitirlo en sus indagatorias ante la Fiscalía, *el mito se convirtió en otro crudo crimen de lesa humanidad*. [*El Tiempo*, 23 de abril de 2007; énfasis agregado].

Las limitaciones de este pretendido escenario transicional se expresan a su vez en el hecho de que, aun cuando lo que primó en la Ley 975 fue la generación de un marco jurídico que incentivara los procesos de desmovilización paramilitar, pronto fue evidente que dicho proceso no se gestaría. La reorganización de las estructuras paramilitares a lo largo y ancho del país, la creación de nuevos grupos paraestatales, el control social ejercido por estos grupos, las amenazas contra líderes sociales y el asesinato de varias de las víctimas reflejan que la desmovilización efectiva tampoco se logró. Cinco años después de la entrada en vigencia de la Ley de Justicia y Paz, una parte significativa de las estructuras paramilitares se ha reorganizado y las víctimas no han sido reparadas. Al día de hoy, varios de los integrantes de los grupos paramilitares siguen operando en gran parte del territorio nacional;[5]

---

[4] Como se verá, aún la confesión del victimario tampoco ha de primar para construir investigaciones o para constituirse como prueba, pues en el momento en el que la confesión resulta incómoda para ciertos sectores, los jefes paramilitares serán extraditados a Estados Unidos.

[5] De ello da cuenta tanto el número de combatientes que se cree que tienen actualmente las denominadas "bandas criminales emergentes" (Bacrim), así como el contraste entre las zonas de influencia de los antiguos bloques paramilitares y

los grandes jefes de estos grupos fueron extraditados a Estados Unidos bajo el cargo de narcotráfico,[6] por lo que sus audiencias de confesión de crímenes se vieron aplazadas; prácticamente ningún incidente jurídico de reparación se ha hecho efectivo,[7] y varias de las víctimas han sido asesinadas o amenazadas de muerte.[8] En un escenario como este hay que indagar si lo único que puede inferirse de él es la evidencia de su rotundo fracaso o la muestra de una exitosa administración de la guerra y del discurso acerca de lo transicional, así como de una gestión de las víctimas y de los testimonios de los victimarios.

REINSERCIÓN SIN DESMOVILIZACIÓN: DE LAS AUC A LAS BACRIM

Tras la firma, en 2003, del Acuerdo de Santafé de Ralito entre el Gobierno colombiano y las Autodefensas Unidas de Colombia, el

---

estas bandas, y el tipo de acciones criminales cometidas por las Bacrim (amenazas a organizaciones defensoras de derechos humanos, asesinatos de víctimas), que reflejan una pervivencia del accionar de los paramilitares y las Bacrim. Al respecto véase Romero y Arias (2008 y 2010).

[6] La primera extradición a Estados Unidos de un jefe paramilitar cobijado por la Ley 975 fue la de Carlos Mario Jiménez Naranjo, alias Macaco, quien fuera comandante del Bloque Central Bolívar de las Autodefensas Unidas de Colombia (AUC), y fue ordenada por el presidente de la República el 3 de abril de 2008, bajo el cargo del narcotráfico y con el argumento de que el paramilitar seguía delinquiendo desde la cárcel. Varias organizaciones sociales y de víctimas interpusieron un recurso legal para frenar la extradición, pues consideraban que esto afectaba significativamente la lógica del proceso de justicia y paz, toda vez que situaba el delito de narcotráfico por encima de los crímenes de lesa humanidad, y porque si el paramilitar seguía delinquiendo desde la cárcel significaba que perdía cualquier beneficio de los provistos por la Ley 975. Aunque inicialmente se logró la suspensión de la extradición gracias al fallo de un juez, dicho fallo fue revocado y el paramilitar fue extraditado. Un mes después otros 14 jefes paramilitares fueron extraditados.

[7] La primera sentencia contra un jefe paramilitar fue la proferida contra alias el Loro. Sin embargo, esta sentencia fue declarada nula por la Corte Suprema de Justicia. A la fecha, el primer incidente de reparación fue el del caso Mampuján contra alias el Iguano y alias Diego Vecino.

[8] Entre las víctimas asesinadas está el líder campesino Rogelio Martínez, quien fue asesinado una semana después de haber sido entrevistado para esta investigación. Sobre este tema me referiré más adelante.

balance a 2011 acerca de la desmovilización efectiva de los grupos paramilitares es altamente desolador y preocupante. Aunque el gobierno del presidente Álvaro Uribe Vélez y las fuerzas militares hayan insistido en que los grupos paramilitares se terminaron definitivamente en Colombia como resultado del proceso de paz gestado a la luz de la Ley 975 de 2005,[9] la evidencia de la reorganización político-militar del paramilitarismo y su consolidación en nuevos grupos (neoparamilitares, o paramilitares de tercera generación) demuestran lo contrario. El Gobierno colombiano sostiene que estos grupos armados, que han constituido un poder político y económico y un control social en diferentes regiones del país, no deben denominarse *paramilitares*, sino *bandas criminales emergentes* (Bacrim), y que en realidad son bandas dedicadas al contrabando, al tráfico de narcóticos y a otras prácticas criminales similares, diferentes a las de los paramilitares. Así, las Bacrim serían el resultado, casi inevitable, de un proceso de desmovilización en el que algunos reductos se reorganizan en grupos que cometen acciones delictivas, pero que de ninguna manera preservan la estructura de sus antecesores.[10]

---

[9] En 2007 el presidente Álvaro Uribe señalaría, en repetidas ocasiones, que ya no se debe hablar más de *paramilitarismo* en Colombia. "El presidente fue reiterativo en asegurar que 'Colombia ha superado el paramilitarismo', si por él se entiende la organización de grupos armados ilegales para combatir la guerrilla. Dijo que 'los paramilitares reincidentes', con cerca de tres mil miembros, y aquellos que no se sometieron a la Ley de Justicia y Paz, están dedicados al narcotráfico, aliados o en competencia con la guerrilla, a los que su gobierno persigue. Pidió a 'la opinión calificada y a la justicia' que se preparen para dar un tratamiento igual a guerrilla y paramilitares. 'Sus crímenes no admiten tratamientos diferenciados ni en la ley ni en la negociación de la paz. No puede ser que impere el ánimo benigno del pasado en relación con la guerrilla y la cólera de vindicta con paramilitares'" (*El Tiempo*, 21 de julio de 2007).

[10] El comisionado de Paz del gobierno Uribe, Luis Carlos Restrepo, señaló sobre estos grupos: "No son autodefensas. Lo que tenemos en varias zonas del país […] son unas organizaciones criminales emergentes muy pequeñas, que están manejando cultivos ilícitos que existían en las zonas donde se desmovilizaron las autodefensas. Las autodefensas tenían un control muy férreo de estas zonas. Una vez ellos se desmovilizan, aparecen grupos delincuenciales, relacionados con el narcotráfico, que se disputan ese territorio. Pero esas organizaciones están completamente dedicadas al narcotráfico, y en muchas ocasiones también

La reorganización y el rearme paramilitar se constituyeron casi en el instante mismo en el que se dio el proceso de desmovilización. Así lo constataron diferentes comunidades víctimas de la violencia paramilitar que vieron cómo los "nuevos" grupos emergían a la par que los "antiguos" iban entrando en el proceso de paz. De igual manera, quedó en evidencia, tanto en los testimonios de los jefes paramilitares, que anunciaban que en caso de un incumplimiento en las negociaciones estaban listos para reorganizar sus estructuras militares, como en el hecho de que el número estimado de combatientes activos de los paramilitares fue en la mayoría de los casos mayor al de excombatientes desmovilizados o al número de armas entregadas. Estos factores permiten analizar críticamente la interpretación que aboga por que la emergencia de los nuevos grupos es el resultado común, inevitable y esperado de un proceso de paz exitoso. Ya en el año 2007 la Comisión de Verificación de la Misión de Apoyo al Proceso de Paz (MAPP) en Colombia de la Organización de Estados Americanos (OEA), en su octavo informe trimestral, decía:

> En sus labores de verificación, la MAPP/OEA ha identificado violaciones a los compromisos de desmovilización, así como de desarticulación y desmonte de la estructura militar. La Misión observa con preocupación situaciones de posibles rearmes, reductos no desmovilizados y la aparición de otros grupos armados, especialmente en la zona de influencia del desmovilizado Bloque Norte, que se encontraba bajo el mando de Jorge 40 y en algunos departamentos donde operaba el Bloque Central Bolívar (BCB). La MAPP/OEA ha identificado 22 estructuras, en las cuales se encuentra la participación de mandos medios desmovilizados o no, el reclutamiento de excombatientes de las autodefensas y el control de economías ilícitas. A pesar de los esfuerzos del Gobierno colombiano, la Misión anota, además, que la mayoría de las agrupaciones reportadas en el

---

combinan la extorsión. No los podemos llamar autodefensas" ("Pregunta Yamid", entrevista al alto comisionado para la paz, 30 de marzo de 2006, citado en Restrepo y Franco, 2007: 66).

sexto y séptimo informes continúan operando y algunas de ellas, incluso, se encuentran en expansión. [MAPP/OEA, 2007].

La desmovilización y el rearme no se pueden entender entonces como el rezago de un proceso de paz o como parte de un escenario de posconflicto, menos aún si se hace una lectura global del contexto. El rearme paramilitar no puede comprenderse como el exceso o el sobrante generado por un proceso de paz, si se tienen en cuenta las dinámicas políticas, sociales y económicas en las que se gesta el paramilitarismo. Desde allí es posible entender que si la estructura paramilitar no solo fue el resultado de un grupo de hombres armados organizados bajo una supuesta noción de autodefensa, sino también parte del proceso de constitución de la estrategia estatal contrainsurgente (Franco, 2009) y del apoyo deliberado de sectores económicos y políticos, el rearme paramilitar no es el corte a ese proceso o el fin de ese apoyo, sino su continuación.[11] En ese sentido, Restrepo y Franco (2007: 67) señalan que

---

[11] En el primer informe de la Comisión Nacional de Reparación y Reconciliación (CNRR), *Disidentes, rearmados y emergentes: ¿Bandas criminales o tercera generación paramilitar?*, de agosto de 2007, se sostiene que "El hecho de que mandos medios o combatientes de las antiguas AUC formen parte de esos grupos ilegales no necesariamente implica una continuidad porque, entre otros factores, hay un cambio de contexto significativo frente al período en el cual surgió esa federación de grupos armados ilegales, cuando el Estado sufría un 'colapso parcial'. Este se entiende desde el punto de vista geográfico como la incapacidad para extender su mandato en todo el territorio y, desde el punto de vista estatal, como una crisis en el funcionamiento y misión de algunas agencias estatales, en particular de las fuerzas militares y de policía. Lo que sí revela esa situación de reciclaje de especialistas en el uso de las armas es las limitaciones y retrasos de la política de reintegración para enfrentar ese reciclaje. En el proceso se tuvo en cuenta, ante todo, a la cúpula y a los combatientes rasos de las AUC, olvidando los segmentos intermedios, los denominados 'mandos medios'" (CNRR, 2007a: 6). La interpretación sobre el colapso parcial del Estado como condición de surgimiento del paramilitarismo en Colombia se debe contrastar con la del Estado como auspiciador de las políticas de exterminio y luchas contrainsurgentes, argumentada, entre otros, por Restrepo y Franco (2007). Esta última interpretación permite entrever que el auge del paramilitarismo no responde solamente a la ausencia estatal, sino que incluso es el resultado de la aplicación deliberada de una política de Estado destinada a dar respaldo y avalar la existencia de estos grupos armados.

[…] el país político y mediático posiblemente se tardará en admitir que lo que tiene lugar hoy es una dinámica de reorganización paramilitar, tanto como se demoró en reconocer la paramilitarización denunciada por organismos de derechos humanos nacionales e internacionales desde mediados de los años noventa.

El rearme paramilitar no es el resultado de la crisis obvia y común de un proceso de paz, pues el desmonte y la ruptura de sus condiciones de producción nunca se gestaron.[12] Así, lo que termina generándose es un proceso de reinserción de los paramilitares, pero sin una efectiva desmovilización.

Sin condiciones institucionales tales como la cooperación o connivencia de las Fuerzas Armadas, las políticas de impunidad implementadas a través de la distorsión del aparato de justicia, la colaboración u omisión de los organismos de inteligencia, la complicidad o negligencia de los Gobiernos nacional y subnacionales; y sin condiciones sociales como el apoyo económico y logístico o el despliegue de dispositivos de propaganda, la magnitud de la expansión

---

[12]   En el mismo informe de 2007, la CNRR se pregunta si los grupos surgidos luego de la desmovilización de las AUC, es una situación transitoria característica de los procesos de desmovilización de organizaciones ilegales armadas o si se trata del inicio de un nuevo período de violencia con características inéditas (CNRR, 2007a: 7). La CNRR no contempla la hipótesis de que hay un proceso de continuidad en el rearme de estos grupos. Propone sí, algunas hipótesis sobre el devenir de estos "nuevos" grupos, tales como la reanudación del narcoterrorismo a partir de una unificación de las bandas criminales emergentes, la coincidencia entre las acciones de la guerrilla con la de las *Bacrim* en una "alianza pragmática", o la desarticulación de estos grupos por la presión del Estado. Finalmente la CNRR señala que "no se puede descartar la posibilidad de la emergencia de una 'tercera generación paramilitar', con rasgos similares a las antiguas AUC y con las complicidades institucionales y privadas que ello conlleva, dadas la persistencia del conflicto armado interno y la incapacidad del Estado para ejercer un pleno control territorial" (2007a: 8). Tal como indican Romero y Arias (2008), ninguna de estas hipótesis "contempló claramente el escenario de corrupción institucional y complicidad con redes mafiosas o la tolerancia de grupos armados irregulares por las autoridades militares y policiales locales" (42), con lo cual descartó de tajo la posibilidad de entrever los procesos de continuidad en las estructuras que sostienen el paramilitarismo en Colombia.

del paramilitarismo habría sido notablemente menor. En la medida en que se mantuvieron dichas condiciones, el paramilitarismo, por ejemplo, no se vio abocado a un ámbito de clandestinidad total, como las organizaciones insurgentes, sino a uno de clandestinidad relativa. [Restrepo y Franco, 2007: 71].

Si estas condiciones no fueron consideradas en el proceso de desmovilización de los grupos paramilitares, es viable interpretar que estas siguen presentes en el sostenimiento de los "nuevos" grupos. Argüir que se trata solamente de bandas criminales implica dejar de ver, entre otras cosas, que estos grupos siguen apuntando a mantener un control social, económico y político en las zonas donde operan y que muchas de sus acciones incluyen la persecución deliberada contra las organizaciones de víctimas[13] y los líderes sociales que reclaman por las tierras que les fueron arrebatadas.[14] Suponen, además, desligar la responsabilidad que al Estado le cabe sobre la creación, el sostenimiento y el amparo del paramilitarismo.

---

[13] "Simplificar el objetivo de estas 'bandas criminales' a su lucha por el control de los cultivos de coca, los laboratorios de procesamiento de droga y las rutas del narcotráfico es ingenuo, por decir lo menos. Algunos nombres de estos grupos, como los de las 'rondas campesinas populares', el 'Ejército Revolucionario Popular Anticomunista' y los 'Héroes de Castaño', sugieren que sus propósitos van más allá de eso. Otros, como 'Los Paisas' o las 'Águilas Negras', aunque no utilizan nombres tan dicientes, sí revelan mucho con sus acciones, que se orientan contra activistas sociales y población civil" (CCJ, 2008).

[14] La CNRR, en su informe de 2007 señala de manera ambivalente que "hay que reconocer los graves indicios acerca de las funciones de control político y amenaza armada sobre la sociedad civil y las organizaciones de víctimas de los paramilitares ejercidas por esos grupos ilegales de coerción, además de las actividades propiamente criminales. Esto no convierte a estos grupos en paramilitares o autodefensas semejantes a las AUC, pero sí los lleva a coincidir en el ejercicio de funciones de control local ejecutadas en el pasado por esa organización" (CNRR, 2007a: 8-9). El planteamiento de la CNRR hace difícil entrever el argumento que permite hacer esa diferenciación. En su Informe del 28 de febrero de 2008, la alta comisionada de las Naciones Unidas para los Derechos Humanos señaló sobre la situación de los derechos humanos en Colombia que "calificar a todas estas nuevas estructuras como meras bandas criminales no recoge en su totalidad la complejidad, variedad, pluralidad y riesgo del fenómeno" (Doc. A/HRC/7/39, pf. 40).

LA VICTIMIZACIÓN EN LAS NARRATIVAS DEL POSCONFLICTO

El cambio y la continuidad de las acciones dan cuenta no de un nuevo concepto de grupo armado, sino de un cambio de estrategia. Algunas prácticas criminales, como las masacres[15] y el desplazamiento, continuaron, y otras, como el asesinato selectivo y las amenazas, se incrementaron y se convirtieron en la estrategia común de estos grupos. Sostener que el descenso de algunos crímenes contra la población civil es el reflejo de un proceso transicional exitoso termina siendo una forma soterrada de encubrir o incluso justificar la existencia —y la pervivencia— de esos crímenes, de invisibilizar a sus víctimas y de ocultar a sus victimarios. Y es que en el momento en que una masacre, un desplazamiento o un asesinato cometido recientemente por grupos paramilitares se expresa con regocijo por el descenso de estos crímenes en comparación con los años anteriores, se asiste a un escenario de administración de la guerra a partir de una retórica transicional que termina por atentar contra la dignidad de las víctimas.[16]

Tal como constatan Mauricio Romero y Angélica Arias, de la Corporación Nuevo Arco Iris, desde 2006 los informes oficiales sobre los desplazamientos forzados no identifican con claridad a un grupo de autores o responsables. Por el contrario, lo que aparece, desde ese año, es una categoría denominada "no dis-

---

[15] La Comisión Colombiana de Juristas (CCJ) registraba que al menos cinco masacres atribuibles a grupos paramilitares se habían registrado en 2008: "Estas masacres tienen dos elementos en común: por un lado, han sido atribuidas a las denominadas 'bandas emergentes', pero, por otro, son hechos que están rodeados de patrones propios del modo de actuar de los paramilitares. Se ha podido establecer que estas masacres han estado dirigidas contra la población civil, que tradicionalmente ha sido el objetivo de estos grupos. Es el caso de las cinco masacres reseñadas, en las que han muerto pescadores, campesinos y líderes comunitarios que están reclamando por la garantía de sus derechos. Asimismo, las masacres han sido cometidas por hombres vestidos de civil, armados y encapuchados, tal como se registró en los casos de las masacres de Puerto Libertador y San Juan del Cesar" (CCJ, 2008: 1).

[16] Sobre los procesos de gestión del discurso sobre el posconflicto y la administración de la guerra véase Jiménez Ocampo (2008).

ponible" (Romero y Arias, 2008). En dicha categoría se agrupa el mayor número de desplazamientos, con lo cual se evidencia cuán indiscernibles se tornan los responsables tras el proceso de desmovilización. A esto se suma un incremento gradual del desplazamiento, y no una disminución, como se podría esperar tras las negociaciones con las AUC:

> En el caso del desplazamiento forzado —individual como masivo—, [...] la disminución inicial entre 2003 y 2005, resultado de la negociación con las AUC, dio paso a un incremento que llegó a los niveles de 2001, uno de los años más álgidos. El hecho de que tras siete años de gobierno del presidente Uribe se estén presentando cerca de 250 000 desplazados anuales debe ser motivo de preocupación y reflexión, por decir lo menos. [Romero y Arias, 2010].

En el mismo sentido habría que considerar la continuidad de las amenazas y asesinatos de líderes sociales e integrantes de organizaciones de víctimas. Entre enero de 2007 y marzo de 2009 el Observatorio del Conflicto Armado de la Corporación Nuevo Arco Iris y la Comisión Colombiana de Juristas contabilizaron 59 líderes asesinados:

> La cifra es estremecedora y revela la situación de intimidación, miedo e inseguridad en la que viven estos grupos sociales, en particular en Antioquia, la costa atlántica y el suroccidente del país. Si nos permitimos calcular un promedio con vidas humanas, cada mes han sido asesinados dos líderes de estas organizaciones, en un contexto de justicia transicional en donde el Estado debería garantizarles a las víctimas el derecho a la no repetición de los hechos de violencia ejercida por las AUC, los agentes estatales o las guerrillas. [Romero y Arias, 2010: 39].

Si a esto se agrega el aumento del número de amenazas perpetradas por los grupos de "neoparamilitares" contra las organizaciones de víctimas y las organizaciones defensoras de derechos humanos, es difícil concebir que exista una ruptura entre los "nuevos" y los "antiguos" grupos. Lo que sí se constata como novedad es que los grupos de "neoparamilitares" no recurren de igual manera a las acciones violentas que cometían en el pasado.[17] El aumento de los asesinatos selectivos y las amenazas permite entrever, como bien señalaban Restrepo y Franco en 2007, que

> […] los grupos "reorganizados" no requieren el uso de la violencia masiva: *les es más útil administrar el miedo*. Una vez lograda la interiorización del miedo, no ha sido necesario un ejercicio de la violencia de forma expuesta, porque esta es capaz de cumplir una función de regulación. [Restrepo y Franco, 2007: 89; énfasis agregado].

De esta administración de la guerra y de esta gestión del discurso del posconflicto se desprenden por lo menos cinco efectos. En primer lugar, los crímenes de los victimarios se deslizan con mayor impunidad, pues las acciones violentas son atribuidas bien a un campo indiscernible de responsabilidad (autor no identificado) o a grupos de narcotraficantes o bandas criminales, que se presentan oficialmente desligadas de las complicidades con gobiernos locales, instituciones nacionales o empresas transnacionales. En segundo lugar, las víctimas del paramilitarismo y de los crímenes perpetrados por agentes estatales son negadas y silenciadas de un doble modo: por un lado, por las acciones violentas en su contra (amenazas, asesinatos, desplazamientos), que limitan sus posibilidades de denuncia y lucha contra la impunidad, y por otro, porque sus victimarios no existen en las narrativas oficiales (no hay, hoy por hoy, paramilitares, y no ha habido, ni hay, crímenes de Estado). En tercer lugar, y en relación con el efecto anterior, al instalarse en el imaginario social la idea de que el paramilitarismo dejó de existir, las acciones de violencia se empiezan a explicar como un rezago del pasado y el reclamo de las víctimas se advierte como un acto de resentimiento u

---

[17] Los mismos paramilitares en sus versiones libres han indicado que la práctica de cometer masacres dejó de ser utilizada "porque no era rentable para ellos en términos políticos, por lo cual optaron por cometer asesinatos selectivos" (CCJ, 2008: 3).

oportunismo que tiende a alterar el proceso del posconflicto. En cuarto lugar, se instala en las víctimas un clima de desconfianza hacia las políticas estatales conducentes a la justicia, la verdad o la reparación, pues ni se constituyen garantías de no repetición ni se visibilizan acciones tendientes al esclarecimiento de los hechos de violencia o de los perpetradores. Finalmente, el proceso de gestión y administración de la guerra y de un supuesto escenario transicional entraña, además, una narrativa sobre el conflicto y sobre el pasado, en la que se traza un corte en el tiempo y se define un antes y un después. Nombrar a los paramilitares de otro modo permite situar una narrativa acorde con la necesidad de mostrar una ruptura encaminada a instalar en el imaginario social y en el relato oficial la idea de que los hechos del presente son inéditos o que son tan solo el remanente o el exceso del salto hacia un nuevo momento.

La narrativa transicional en medio del conflicto tiene impactos significativos para las víctimas, pues al sufrimiento generado por los hechos de violencia en muchas víctimas se agregarán sentimientos de desconfianza generalizada respecto a las instituciones estatales, más aún cuando estos crímenes son cometidos por o con la connivencia de agentes del Estado, o cuando las instituciones encargadas de investigar o impartir justicia son responsables del sostenimiento de la impunidad o de las estructuras criminales (Lagos y Kemec, 1990). La desconfianza frente a las instituciones del Estado no es un impacto menor. Supone que en la vida cotidiana se incorporen sensaciones de desesperanza y se tiendan a fragmentar los vínculos que permiten sostener los lazos sociales. Si los hechos violentos son cometidos por representantes del Estado es factible que el temor y la incertidumbre de las víctimas aumenten, pues las instituciones garantes de protección y seguridad se empiezan a percibir como amenazantes. Si no se emprenden acciones de investigación y los crímenes se silencian y quedan en la impunidad, la rabia y la desesperación se tornan continuas, aumentando el impacto emocional del hecho violento. Así lo señala, por ejemplo, la Comisión Valech a propósito de los impactos de la dictadura militar en la sociedad chilena:

Las consecuencias de las violaciones de derechos humanos alteraron profundamente los modelos históricos de participación cívica y ciudadana y de confianza entre las personas. La política como quehacer legítimo fue asociada a la muerte y a las pérdidas. Los horizontes individuales, familiares y comunitarios tendieron a limitarse a los intereses inmediatos. [Comisión Valech, 2004: 606].

Los impactos sobre las víctimas producto de la responsabilidad de agentes estatales en los crímenes cometidos o en la ausencia de justicia se ven agravados si los hechos violentos o sus condiciones de posibilidad siguen vigentes. Evidentemente, emprender una lucha por la verdad o la justicia en una situación de amenaza restringe las acciones y limita los alcances de estos procesos de exigibilidad de derechos (Lira y Castillo, 1991; Pérez-Sales, 1999). Si el hecho violento compele en muchos casos a la víctima al silencio, como producto del dolor y el sufrimiento que supone recordar, o acaso porque no encuentra una sociedad dispuesta a escuchar lo sucedido, muchas víctimas en Colombia también son confinadas al silenciamiento como producto de las acciones violentas emprendidas contra su vida. La posibilidad de hablar de lo sucedido o de dar testimonio —de declarar en un proceso judicial o incluso en una comisión de investigación— se ve restringida no solo por los impactos del hecho violento en sí mismo, sino también por la inexistencia de condiciones de seguridad físicas y materiales para las víctimas o los testigos (Aranguren, 2008). La lucha por la verdad y la justicia, y las exigencias de reparación, tienden a ser debilitadas con las amenazas y el asesinato de quienes emprenden estos procesos, y el círculo vicioso de impunidad termina cerrándose.

Hablar de escenarios transicionales o posconflicto en Colombia se torna problemático cuando quienes emprenden una lucha por la verdad, la justicia y la reparación por un familiar asesinado o desaparecido o por una tierra arrebatada tienen que seguir padeciendo las amenazas contra su vida, los asesinatos y los desplazamientos. Cuando en estas condiciones se sostiene la existencia de escenarios transicionales, o cuando se ponen en circulación discursos sobre la vigencia del posconflicto en Colombia, se instala un lenguaje que desafía la realidad que las víctimas afrontan en sus luchas contra la impunidad y sus exigencias de reparación. Hablar de lo transicional en un escenario como este oscurece, restringe, limita y constriñe las acciones de las víctimas, haciendo que sus acciones aparezcan como inoportunas, en contravía de la paz y la reconciliación nacional, incluso como distantes de la realidad, locas o fuera de los anhelos y deseos del común. Así lo señala Tomás Moulián respecto a la impertinencia de la voz de las víctimas de tortura en el Chile posdictadura: el caso de las víctimas de tortura en Chile revela, como en muchos casos latinoamericanos, que "desde los altos cargos del Estado, sus reclamaciones fueron motejadas de intempestivas y peligrosas, como si al hablar de lo que tanto tiempo callaron los convirtiera en exhibicionistas o incluso en terroristas del recuerdo" (Moulian, 2004: 53).

En un escenario tal los anhelos por la verdad y la justicia aparecen como acciones tendientes a reactivar el conflicto o a afectar la paz y el futuro y son entendidos como una manera de retornar a una supuesta época anterior de confrontación y tensión. Quienes luchan contra la impunidad son vistos como enemigos del clamor nacional por la reconciliación, y quienes luchan por la verdad son vistos como detractores del futuro próspero.

Al proceso de marginación y silenciamiento de las víctimas de los paramilitares y de los agentes estatales se suma la pérdida del estatus de verosimilitud del testimonio de esas víctimas y una sobrevaloración del testimonio del victimario. Y es que justamente en el escenario de las "audiencias de justicia y paz" y en las "versiones libres" brindadas por los jefes paramilitares se pone en evidencia esta dinámica: en muchas de sus versiones, los jefes paramilitares aluden a sus víctimas como guerrilleros, vendedores de drogas o prostitutas, pretendiendo así justificar los asesinatos, las torturas, las masacres o las desapariciones forzadas.[18] Frente a este tipo de declaraciones, salvo los familiares de

---

[18] Así lo demuestra el Movimiento de Víctimas de Crímenes de Estado cuando

las víctimas que reclaman para sus allegados dignidad y respeto, pocos cuestionamientos se efectúan sobre dicha versión. En cambio, cuando los jefes paramilitares señalan en sus declaraciones sus fuertes vínculos con políticos, militares o empresarios, se da lugar a la controversia, a la discusión y a los cuestionamientos sobre la "impunidad" que guiaría la libertad de su testimonio. Estas condiciones de enunciación del testimonio de las víctimas en Colombia dan cuenta de las limitaciones que tendrá que sortear quien rinde testimonio respecto a una escucha que no considera su palabra como verosímil, no estima su versión como creíble, no valora su voz como socialmente relevante y limita los espacios para su enunciación. Sin embargo, la creación de un espacio para la escucha de estas víctimas no necesariamente es el campo libre de las tensiones éticas y políticas que subyacen a la producción del testimonio.

La pervivencia del conflicto armado y de las lógicas de la guerra en Colombia inciden en la forma en que se encaminan estos procesos. Ello permite entender por qué los procesos de desmovilización de las estructuras paramilitares no son efectivas y por qué ante las confesiones de los jefes paramilitares el Gobierno opta por aprobar su extradición a los Estados Unidos. Sin embargo, lo que resulta paradójico e interesante de ser analizado es cuáles son los efectos de recurrir a nominar el escenario de desmovilización como parte de un proceso transicional y cuáles son las razones para apelar a la idea de existencia del posconflicto, más aún cuando el gobierno del presidente Uribe, a lo largo de sus ochos años insistió en que en Colombia no hay ni ha habido conflicto armado.

---

indica cómo en distintas versiones libres los paramilitares atentan una vez más contra la dignidad de las víctimas, buscando además una supuesta justificación de sus acciones: "En la versión libre de Jadith Payares Cantillo, alias el Costeño, realizadas los días 8 y 9 de abril de 2008, este señaló textualmente: 'nunca en las reuniones que yo estuve me dijeron que había que matar a sindicalistas; sí mataron a muchos, pero era porque se les comprobaba su pertenencia a la guerrilla'" (Movice, 2009:103)

Con lo señalado hasta aquí se pueden identificar al menos tres características del proceso de negociación con los grupos paramilitares como resultado de la implementación de la Ley de Justicia y Paz: en primer lugar, este proceso se formuló, desde sus inicios, no bajo el esquema de una ley de transición de la guerra a la paz, o de reparación de las víctimas —como luego se intentó caracterizar—, sino fundamentalmente como una ley de alternatividad penal tendiente a favorecer que los paramilitares ingresaran a un proceso de reinserción a la vida civil. En segundo lugar, dicho proceso de reinserción operó sin considerar la desmovilización efectiva de las estructuras paramilitares, por lo que estos grupos en realidad siguieron —y siguen— operando a lo largo del territorio colombiano. En tercer lugar, y como resultado de lo anterior, los otrora grupos paramilitares empezaron a ser denominados como *bandas criminales emergentes*, lo que permitió sostener la idea de que los primeros habían dejado de existir, y que las segundas eran —y son— el rezago casi esperado de un proceso de reinserción.

De estas tres características se infiere que el proceso de desmovilización paramilitar y la implementación de la Ley de Justicia y Paz implicaron la incorporación de una narrativa transicional y un discurso sobre el posconflicto que a su vez posibilitaron una nueva forma de nominación del paramilitarismo. La eficacia social y simbólica de este proceso, por una parte, radica en que mediante esta nueva forma de nombrar el conflicto y a sus actores se buscó instalar la idea de que la violencia paramilitar estaba superada, que se había dado un salto a un nuevo tiempo y que el instante actual era —o es— el tiempo de la transición; por otra, radica en el hecho de que el Estado se presenta como externo a la guerra y al conflicto armado, desprovisto de cualquier vínculo con el paramilitarismo y como gestor de un proceso de transición hacia la paz. En el momento en que se transita a una nueva forma de nombrar a los victimarios también se asiste a una nueva forma de comprender el conflicto, de reconocer a las víctimas y, por supuesto, de concebir las maneras de repararlas.

2. LA VOZ, EL TESTIMONIO, LA VERDAD Y LA MEMORIA

Sobre la base de la existencia en Colombia del escenario de transición —o de la necesidad de generarlo—, la Ley 975 de 2005
habilitó el desarrollo de una serie de políticas tendientes a respaldar el proceso de reinserción de los grupos paramilitares. A la
par impulsó la creación de la Comisión Nacional de Reparación y
Reconciliación (CNRR) para construir una política de reparación
de las víctimas de la violencia y generar las condiciones para la
reconciliación nacional. Bajo el mandato de esta misma ley se
creó en el CNRR el Grupo de Memoria Histórica (GMH), integra-
do por académicos e investigadores ampliamente reconocidos
por su trayectoria de investigación sobre la violencia en el país.[1]
A ellos les correspondería construir las condiciones para que en
Colombia operara una comisión de la verdad que aportara su
experiencia de investigación en el reconocimiento público de
los hechos de violencia sucedidos en el país, y en la indagación
sobre las razones y motivos de su ocurrencia. El Grupo se definió

---

[1] Bajo la dirección del historiador Gonzalo Sánchez, el equipo del GMH contó
con la participación, entre otros, de la antropóloga María Victoria Uribe, el
politólogo Iván Orozco y la trabajadora social Martha Nubia Bello, todos ellos
ampliamente reconocidos por su experiencia de investigación sobre la violencia
en Colombia.

a partir de un carácter "autónomo", aunque regido por el mandato de la Ley de Justicia y Paz. Su marco de acción se construyó entre los límites y procedimientos que prescribían dicha ley y un supuesto o pretendido carácter de independencia académica,[2] que tendieron a mostrarlo como si estuviese dotado de un doble carácter; es decir, entre la oficialidad proporcionada por la ley y una autonomía "adjudicada" por la Academia.

Como se verá a lo largo del presente capítulo, el "doble carácter" con que se presentó el GMH terminó generando una suerte de ambivalencia entre diferentes sectores de víctimas. Para ganar legitimidad entre las organizaciones de víctimas, los investigadores del GMH tendrían que establecer negociaciones y apelar a la "buena imagen" que habían establecido con dichas organizaciones a partir de su trabajo como investigadores universitarios. En muchos casos encontrarían resistencias y críticas, pero en otros hallarían apertura y respaldo para la elaboración de sus informes. Al recorrer este proceso de construcción de legitimidad, este capítulo discute también los límites, tensiones y contradicciones propios de los procesos de construcción de memorias y de los contextos de producción de investigaciones sobre las experiencias de violencia. Aunque esta investigación está lejos de cuestionar la relevancia social del Grupo de Memoria Histórica en particular y de las comisiones de memoria y verdad en general,[3] sí busca emprender un reconocimiento de los puntos de tensión y debate generados alrededor del grupo y de sus informes, así como de los lugares comunes que comparte con otras comisiones similares y que dan cuenta de los límites, omisiones y silenciamientos en los que se mueve esta modalidad de emprendimientos cuando tiene que operar sobre los anhelos de un tipo de nación, una idea de reconciliación, una noción de paz.

---

[2] El historiador Gonzalo Sánchez y varios de los investigadores del grupo han subrayado en diferentes ocasiones que la principal "virtud" del GMH radica en que, por su carácter académico, tiene un rol independiente del Estado.

[3] Es importante aclarar que el mandato que guía el trabajo del GMH dista claramente de los alcances de una comisión de la verdad. Sin embargo, como se mostrará, dicho mandato entraña también algunas de las especificidades propias de las comisiones de verdad, aunque en un contexto de conflicto y no de posconflicto.

Estos anhelos, ideas y nociones tendrán que ser considerados no solo por el trasfondo político que los guía, sino por los marcos de rigurosidad científica que intenta contenerlos.

Se desarrollará, en primer lugar, una lectura de la forma en que se estructuran la verdad, la memoria y el testimonio a partir de la aplicación de los principios de la Ley 975 de 2005. Posteriormente se profundizará en la manera en que se construye la propuesta de investigación del GMH y los puntos de tensión en los que se inserta en virtud de los límites de su mandato. Finalmente se plantea una discusión destinada a subrayar que dichos límites no son enteramente exclusivos del caso colombiano, sino que hacen parte de las prácticas subyacentes, a veces ocultas o sin discusión, de las comisiones de verdad o de las prácticas de investigación sobre el pasado y la memoria.

LA MEMORIA DE LAS VÍCTIMAS: ENTRE EL SILENCIO Y SILENCIAMIENTO

La posibilidad de enunciación del testimonio de hechos de violencia y sufrimiento viene dada tanto por la condición del hablante frente a su experiencia, como por la disposición del otro a escucharla y entenderla. Entre el hablante y su escucha se sitúan los marcos sociales de la memoria y las condiciones de producción de los enunciados; es decir, se ubican unos escenarios que crean las condiciones del habla y las disposiciones para la escucha.

Michael Pollak, caracterizando las formas de enunciación de las experiencias de situaciones límite, considera cómo el *testimonio histórico*, la *declaración judicial* y los *relatos biográficos* se constituyen[4] sobre la base de formas narrativas que trazan lugares diferentes de escucha y de producción: cada uno es el resultado del encuentro entre la disposición del sobreviviente/víctima de

---

[4] *Testimonio histórico* es aquel que, por ejemplo, es solicitado por las comisiones de verdad histórica; *testimonio judicial*, aquel que se rinde ante instancias jurídicas, solicitado por un juez como parte de un proceso; *relato biográfico* es aquella narración publicada o inédita solicitada por una editorial o resultado del emprendimiento personal.

hablar y las demandas de escucha (solicitudes) y las posibilidades de ser escuchado. Este encuentro afecta de forma significativa la posibilidad misma de lo decible:

> Entre aquel que está dispuesto a reconstruir su experiencia biográfica y aquellos que le solicitan hacerlo, o están dispuestos a interesarse por su historia, se establece una relación social que define los límites de lo que es efectivamente decible. [Pollak, 2006: 56].

Estos lugares de producción del testimonio en cada una de sus modalidades de enunciación remiten a un contenido diferente en cuanto a lo que es relatado, y a un sentido distinto en cuanto a la función cumplida por la toma de la palabra (Pollak, 2006: 60). Ello significa, siguiendo a Pollak, que la cuestión

> […] no es solamente saber lo que, en estas condiciones "extremas", vuelve a un individuo capaz de testimoniar, sino también lo que hace que se lo soliciten, o lo que le permite sentirse socialmente autorizado a hacerlo en algún momento. [Pollak, 2006: 60-61].

Es por ello que resulta significativo considerar que los testimonios de las víctimas en Colombia, al anclarse fuertemente en las condiciones sociales que los vuelven comunicables —condiciones en todo caso cambiantes—, se enfrentan a una serie de limitaciones producto no solo del horror que encarnan, sino también de las condiciones sociales efectivas para su escucha.

Paul Ricoeur señala que la experiencia extraordinaria de los "testigos históricos" de situaciones límite "echa en falta la capacidad de comprensión media, ordinaria. Hay testigos que no encuentran nunca la audiencia capaz de escucharlos y de oírlos" (Ricoeur, 2003: 217). Estos testimonios, al dar cuenta de hechos "extraordinarios", exceden, según Ricoeur, la posibilidad de comprensión "ordinaria":

> Se trata de experiencias límite, propiamente extraordinarias —que se abren un difícil camino entre capacidades de recepción limitadas,

ordinarias, de oyentes educados en la comprensión compartida—. Esta comprensión se edificó sobre las bases del sentido de la semejanza humana en el plano de las situaciones, de los pensamientos, de los sentimientos, de las acciones. Pero la experiencia que hay que transmitir es la de la inhumanidad sin punto de comparación con la experiencia del hombre ordinario. En este sentido, se trata de experiencias límite. Así se anticipa un problema que solo encontrará su expresión plena al término del recorrido de las operaciones historiográficas, el de la representación de la historia y de sus límites. [Ricoeur, 2003: 231].

Si las experiencias de situaciones de violencia y sufrimiento llevan al límite también la posibilidad misma de lo narrable, fracturando el lenguaje y develando lo impotente que resulta en muchos casos para expresar el horror de la experiencia extrema, ello no supone pensar en la imposibilidad de la palabra, la memoria o el testimonio, sino en la necesidad de considerar que es en el marco relacional entre el hablante y su escucha en donde se gesta una narrativa sobre el horror y el sufrimiento. En este escenario relacional se trazan los límites éticos, políticos y epistémicos de la representación. Así, la memoria de las víctimas está atravesada no solo por la experiencia de horror y violencia que limita el campo de posibilidad de su testimonio, sino también por una escucha diferencial que privilegia las garantías para la producción de la confesión del victimario, otorgándole a la voz de este mayor relevancia en la elaboración de la verdad jurídica. Estos dos vectores permiten entender que el *silencio* de las víctimas en muchos casos no es solo producto del horror o del sufrimiento asociado a la violencia que han padecido, sino también de la imposibilidad de hallar una escucha dispuesta. Sin embargo, este silencio muchas veces en realidad opera como un *silenciamiento*, pues es consecuencia tanto de las acciones de violencia que se continúan ejerciendo contra las víctimas, como de las estrategias para la preservación de su vida.

La posibilidad del testimonio de las víctimas en torno a situaciones límite está cargada, así, de silencios y silenciamientos.

La emergencia del silencio, lejos de entenderse como el olvido, conlleva una forma de representación de lo traumático ante la insuficiencia de las palabras para dar cuenta de la magnitud de una situación límite. Al mismo tiempo, puede ser expresión de las formas de inscripción de los hechos violentos y reflejo, así, del poder de las intenciones deliberadas de los perpetradores de tales hechos, en cuyo caso se podría explicar como el éxito del silenciamiento mediante las prácticas de dolor, muerte y desaparición. En un sentido similar a este, el silencio puede ser el resultado de la vigencia de las situaciones de violencia, ante lo cual será una forma de protección, ya sea ante las amenazas de una violencia vigente, ya ante la necesidad de preservar unas condiciones psíquicas, morales o sociales alcanzadas mediante una historia personal que se narra sin hacer necesariamente referencia a episodios relacionados con la situación límite. De modo tal que el silencio en realidad estará vinculado con ese marco relacional que se constituye entre la memoria de las víctimas y las condiciones sociales para la producción de su testimonio. En este sentido, tal como señala Pollak, "antes de interrogarnos sobre las condiciones que hicieron posible la supervivencia, estamos en el derecho de preguntarnos qué hace posible el testimonio" (Pollak, 2006: 55). Así, el largo silencio sobre el pasado no se puede entender como un camino hacia el olvido; antes por el contrario, puede llegar a expresar la resistencia que una sociedad impotente opone al exceso de discursos oficiales (Pollak, 2006: 20).

MEMORIA DE LOS VICTIMARIOS Y VERDAD JUDICIAL

El 15 de mayo de 2007, el jefe paramilitar Salvatore Mancuso dio inicio a las versiones libres como parte de los compromisos y acuerdos del proceso de reinserción de las Autodefensas Unidas de Colombia contenidos en la Ley 975 de 2005.[5] En aquella oca-

---

[5] La Ley 975 establece mecanismos para el otorgamiento de beneficios jurídicos —pena alternativa— para el procesado a cambio de la confesión plena y veraz, la entrega de bienes y la solicitud de perdón a las víctimas.

sión Mancuso intentó explicar cómo el paramilitarismo no había sido el devenir inesperado del clamor de un grupo de civiles autoconvocados con el ánimo de defenderse de los ataques de la guerrilla —explicación que era común entre ciertos sectores de la sociedad colombiana—, sino que había sido una iniciativa deliberada y auspiciada por el Estado colombiano y sus fuerzas militares como parte de su estrategia de lucha contrainsurgente:[6]

Ciertamente que las exacciones y abusos de las guerrillas generaron una situación favorable para que campesinos medios y pequeños notables locales, bajo los auspicios de autoridades civiles y militares, se organizaran en grupos de autodefensa en algunas regiones. Sin embargo, estas realidades, por sí solas, no alcanzan a explicarlo todo. Para entender el fenómeno de estas primitivas autodefensas hay que introducirse en lo que ha sido la estrategia paramilitar de las Fuerzas Armadas y las operaciones encubiertas de los servicios de inteligencia del Estado. El "paramilitarismo de Estado" y las operaciones encubiertas no fueron el producto de algunas mentes enfermizas o de ovejas negras del Ejército o de la Policía. Tampoco resultaron de la reacción fanatizada de algunos oficiales. Lo que interesa aquí resaltar es que tales acciones ilegales fueron el resultado directo de la aplicación de una concepción y una ideología que se enseñaba en las academias militares, que se pusieron en práctica en las estructuras del Ejército y se difundieron entre los llamados

---

6   En parte, la versión de Mancuso entra en contravía con la explicación brindada por la CNRR acerca del surgimiento de las AUC. Según la CNRR, las AUC se explican más por la existencia de capitales privados que terminan por capturar las instituciones estatales que como una estrategia estatal: "Los grupos paramilitares se podrían definir como agrupaciones armadas con alcance nacional que, bajo el pretexto de combatir a las organizaciones insurgentes, acumularon poder territorial, institucional y económico, atacando y desplazando a población e individuos indefensos y a sus organizaciones, a los que consideraban bases de apoyo de la guerrilla, convencidos de que los recursos estatales usados en el marco del Estado de derecho no son efectivos para combatir a la insurgencia o a sus apoyos sociales". Para la CNRR el elemento adicional que presentan las AUC frente a otros grupos similares es "la captura gradual de las instituciones estatales por parte de esos intereses privados, comenzando desde lo local a lo nacional" (CNRR, 2007a: 24 -25).

"sectores dirigentes" del campo político y económico. [Salvatore Mancuso, citado en *Prensa Nacional*, 16 de mayo de 2007: 7-8].

La versión de Mancuso sobre el "paramilitarismo de Estado" contiene información importante que revela cómo las operaciones de las fuerzas militares incluyen de manera estratégica la expansión de los grupos paramilitares, el respaldo encubierto a sus acciones y la utilización de prácticas de amenaza y terror contra la población civil. La revelación de Mancuso se sostiene en documentos que dan cuenta de cómo el paramilitarismo se gestó como resultado de la aplicación de estrategias contrainsurgentes que se extendieron en diferentes países, y muestra cómo en el caso colombiano diversos sectores oficiales y privados brindaron un apoyo deliberado a esta estrategia. Aun cuando la versión de Mancuso en realidad no ofrece información estrictamente desconocida, y aun cuando incurre en una serie de imprecisiones, pone en debate algunas de las lecturas sobre el paramilitarismo en Colombia que no solo atribuían su origen a una práctica extendida de autodefensa frente a las acciones de la guerrilla, sino que además lo situaban hacia mediados de la década de los ochenta, y no a finales de la década de los sesenta, como efectivamente se dio.

A lo largo de las "versiones libres"[7] de Mancuso, así como de las de los otros jefes paramilitares, se hallan importantes referencias a la complicidad de diferentes sectores del país involucrados directamente en la creación o el apoyo a las AUC, o en la aquiescencia frente a sus crímenes. En algunos casos los datos revelados han servido para abrir investigaciones contra políticos o como parte de las pruebas en procesos judiciales ya abiertos. Algunas versiones libres han incluido revelaciones acerca de la ubicación de fosas comunes, por lo que en varios casos permitieron obtener información sobre personas desaparecidas y sobre

---

[7] La versión libre es un escenario judicial en el cual el acusado rinde una declaración de sus acciones sin ser increpado o interrogado por las contrapartes. En el caso de la Ley de Justicia y Paz fue el espacio concedido a quienes se postulaban a los beneficios de dicha ley, para que dieran cuenta de sus acciones criminales cometidas con ocasión de su pertenencia a un grupo armado ilegal.

otros crímenes perpetrados. En otros casos, la información ha implicado directamente a altos funcionarios del Gobierno, como el entonces vicepresidente Francisco Santos o a su primo, el exministro de Defensa y actual presidente Juan Manuel Santos, quienes han sido señalados por Mancuso y otros paramilitares por realizar acuerdos y pactos con las AUC. Cuando las revelaciones alcanzan tal magnitud, los jefes paramilitares son extraditados a Estados Unidos por el cargo de narcotráfico, dejando en suspenso el componente de verdad que se supone era parte del compromiso adquirido por la aplicación de la ley de alternatividad penal que constituyó la Ley 975 de 2005. El Gobierno optó por la extradición de los jefes paramilitares, pues estos siguieron delinquiendo desde la cárcel, y esto constituía, también, un incumplimiento de los compromisos fijados por la Ley 975.

El freno y obstáculo que implicó la extradición para lo que se suponía era la posibilidad de conocimiento de la "verdad de los victimarios" ha revelado la estructura sobre la que se sostiene la Ley de Justicia y Paz respecto a lo que se ha estatuido como verídico y verosímil, y al lugar que se les concede al testimoniante y la memoria. Este proceso dice mucho, tanto de la fuerza de verdad judicial que entrañan las revelaciones de los victimarios en ciertos casos, como de la fragilidad de esa verdad en razón de la forma en que es gobernada o administrada; tanto de la importancia jurídica que se les concede a las versiones libres de los victimarios, como de la marginalidad a la que tienden a quedar reducidas las memorias de las víctimas en los escenarios oficiales. Una muestra elocuente de los lugares diferenciales en los que un escenario como estos apunta a situar la voz de unos y de otros es, sin más, la evidencia de una forma de administrar el testimonio, de un intento de apropiar y controlar las memorias y de una manera de imponer una verdad.

LOS LÍMITES DE LA ENUNCIACIÓN

Como se ha señalado hasta aquí, los escenarios creados por la Ley de Justicia y Paz otorgan un privilegio a la confesión del victimario sobre el testimonio de las víctimas. Esto no significa que las víctimas se resignen a asumir el rol pasivo que les "otorga" la ley, ni que asuman este escenario como el único campo posible para sus reivindicaciones. En realidad, si la Ley de Justicia y Paz pasó de ser una simple ley de alternatividad penal que otorgaba una serie de beneficios a los paramilitares por su dejación de armas, a ser una ley que impulsaba la necesidad de búsqueda de justicia y que reclamaba la confesión de la totalidad de los crímenes de los paramilitares como garantía para el otorgamiento de tales beneficios, lo fue, entre otras cosas, por la movilización de las organizaciones de víctimas tanto en la calle como en el Congreso.[8] En el mismo sentido, si el proceso de extradición de los jefes paramilitares a Estados Unidos fue en cierta medida frenado y ajustado a la necesidad de privilegiar los delitos de lesa humanidad por encima de los de narcotráfico, lo fue también como resultado de las acciones desarrolladas por las organizaciones de víctimas. La participación de las víctimas en este proceso no viene dado por las condiciones que les provee la ley, sino porque estas recurren a los mecanismos legales y a las movilizaciones sociales para intentar ajustar la ley a sus reclamos o para, por lo menos, impedir que se convierta en una ley de perdón y olvido. En todo caso, las víctimas en realidad no participan del proceso de justicia y paz porque la ley así se los garantice, sino porque, pese a la ley, ellas intentan emprender acciones de cabildeo y protesta social que les permitan convertirse en actores significativos en dicho proceso.

---

[8] En particular, fue el Movimiento Nacional de Víctimas de Crímenes de Estado (Movice) el impulsor de estas movilizaciones. Si bien el Movice surgió a la par de la Ley de Justicia y Paz como mecanismo para garantizar los derechos de las víctimas, algunas de las organizaciones de víctimas que lo conforman, como la Asociación de Familiares de Detenidos-Desaparecidos (Asfaddes), u organizaciones no gubernamentales que hacen parte de su comité de impulso, como el Centro de Investigación y Educación Popular (Cinep), el Colectivo de Abogados José Alvear Restrepo, la Comisión Colombiana de Juristas o el Comité de Solidaridad con Presos Políticos, contaban con una trayectoria previa en la lucha contra la impunidad y en el reclamo por las víctimas de crímenes cometidos por agentes del Estado.

Fueron las movilizaciones de las víctimas las que permitieron que el proceso no cayera en un simple sumario de legalización del paramilitarismo, como efectivamente se pretendía en el referendo presentado por el presidente Uribe, o en el proyecto original de la Ley de Justicia y Paz. Sin embargo, pese a todo, es necesario subrayar que durante el proceso de aplicación de la Ley 975 de 2005, y en las diferentes instancias del proceso de justicia y paz, las víctimas tienen que sortear las dificultades y tropiezos que plantea una ley cuya lógica esencial no es, como se ha dicho, precisamente la de reparar a las víctimas o la de buscar justicia. La voz del victimario se gesta en un marco de dispositivos jurídicos que crea cierta disposición social a la escucha de su confesión. Los paramilitares, en sus versiones libres, apelan a todo tipo de justificaciones que les permiten salir "airosos" de la confesión de miles de crímenes. Así, en sus versiones libres, terminan presentándose a sí mismos como el producto monstruoso de una sociedad que los abandonó a su suerte o como los héroes de una guerra justa emprendida contra una sociedad cómplice con la guerrilla. Muchos de los paramilitares han sustentado sus razones para cometer los crímenes que confiesan con la justificación de que las víctimas de los asesinatos o las masacres eran guerrilleros,[9] recurriendo a la narrativa de de que la suya ha sido una historia de vida llena de avatares e infortunios o con la excusa de que han obrado con la obediencia debida.[10] Así lo expresa Jorge Iván Laverde, alias el Iguano, en una entrevista para la revista *Semana:*

---

[9] Con todo, es necesario preguntarse si las víctimas de las desapariciones forzadas, las masacres o las torturas de los paramilitares hubiesen sido colaboradores o auspiciadores de la guerrilla, ¿esto haría justificable dichos crímenes? De hecho, varios paramilitares también justifican sus crímenes aludiendo a sus víctimas como expendedores de drogas, violadores o proxenetas ¿Esto los hace menos criminales?

[10] El argumento de la obediencia debida, denominador común en diferentes escenarios dictatoriales, también opera aquí bajo la necesidad del victimario de disolver su responsabilidad en un colectivo y de encubrir sus crímenes bajo la idea de un enemigo y una amenaza extendidos y generalizados en diferentes lugares de la sociedad. La obediencia debida supone aceptar la realización efectiva de un proceso de desubjetivación producto de los horrores de la guerra o

"Yo le pedía a Dios que no me dejara cometer errores. De hecho, yo pensaba muy bien antes de tomar una acción". El Iguano es un hombre estricto, cuyo mayor esfuerzo era cumplir con su deber. Según dice, le gusta hacer las cosas bien. Por eso ordenó más de 2000 asesinatos. Su obra incluye cerca de 20 fosas, 15 personas muertas tiradas al río Pamplona, 27 masacres y el asesinato de importantes líderes, como el candidato a la Gobernación Tirso Vélez, el defensor del Pueblo Iván Villamizar y el exalcalde de Cúcuta, Pauselino Camargo. También el haber matado a varios enemigos del alcalde de la ciudad, Ramiro Suárez. Aun así, dice: "Aquí no se puede decir que vinimos a sembrar terror o que matamos a gente inocente". Niega radicalmente que se hayan cometido descuartizamientos o torturas. Pero las denuncias de las víctimas lo contradicen. ¿Por qué cometieron tantas masacres? "Todo esto se explica con una palabra: guerra. Si no actuábamos, iban a actuar contra nosotros, nos iban a atacar" […] "Nunca abusé del poder. Nunca hice daño". Y se alienta diciendo: "Si hubiera sido cruel no vendrían todavía a visitarme los arroceros y los camioneros, toda la gente buena de la región" […] En lo recóndito de su espíritu no reconoce sus errores. Más que una expiación, su versión libre es apenas parte de un acuerdo oportunista al que le saca el máximo provecho. "Estoy convencido de que diciendo la verdad todo queda en el pasado". [*Semana*, 8 de diciembre de 2007].

Evidentemente, el recurso explicativo al que apelan los victimarios hace parte de un *corpus* ideológico acerca de la guerra y la violencia mediante el cual pueden hallar un marco para justificar sus acciones. Sin embargo, los contenidos que circulan a partir de allí tienden a instalarse en las narrativas públicas sobre la violencia, toda vez que se presentan como si fueran la única *voz autorizada* para contar estos hechos. La autoridad de la voz

---

de la pertenencia al colectivo armado. En ese sentido, rescatar la "humanidad" de cada victimario, como bien señala Pilar Calveiro, no es una forma de absolverlo, sino de excluirlo de lo monstruoso, de ese campo indiscernible al que lo arroja falsamente el dispositivo bélico, para incluirlo en el campo de lo juzgable (Calveiro, 2006: 140).

del victimario proviene, en primer lugar, de la lógica que entrañan las "audiencias de justicia y paz", en razón de que sitúan el testimonio del victimario como el único recurso válido para reconstruir los hechos de violencia; en segundo lugar, proviene de cierta disposición mediática que, aunque selectiva, ha tendido a privilegiar las confesiones de los victimarios antes que las denuncias de las víctimas; y en tercer lugar, de una representación social de las víctimas de los paramilitares y de los agentes estatales generadas por las mismas estrategias de guerra contrainsurgente implementadas en el país, que tiende a presentarlas, a todas, como combatientes o auxiliadores y colaboradores de la guerrilla.[11] Estos tres aspectos revelan cómo las lógicas del conflicto y de la guerra en realidad están presentes y afectan la lógica misma de los procesos de justicia y paz.

Aun cuando las denuncias de las víctimas pueden contradecir muchas de las justificaciones de los victimarios, y aun cuando la confesión de los paramilitares se hace como parte del compromiso adquirido para acceder a los beneficios de la pena alternativa, la versión libre supone un espacio de disponibilidad social para que estos sean escuchados.[12] Este espacio de disponibilidad incluye una serie de garantías logísticas para la confesión del jefe paramilitar que contrasta con las barreras para que las víctimas puedan acceder a escuchar la confesión de sus victimarios.[13] Al

---

[11] Esto está en estrecha relación con las ejecuciones extrajudiciales, es decir, con aquellas acciones en las cuales se han asesinado civiles y se los hace pasar como guerrilleros dados de baja en combate por el ejército, conocidas popularmente bajo el calificativo militar de "falso positivo".

[12] Esta escucha diferencial se expresó claramente cuando los jefes paramilitares Salvatore Mancuso, Ernesto Báez y Ramón Isaza concurrieron al Congreso de la República. Abarrotado de senadores, periodistas y políticos, el Congreso escuchó atento las narraciones de los paramilitares. A finales de julio de 2007, el turno en el Congreso fue para las víctimas, quienes vieron cómo los senadores iban saliendo uno a uno y el recinto iba quedando casi vacío.

[13] Así se constata en diferentes audiencias de justicia y paz, en las que las víctimas y algunos de sus familiares ven restringido el acceso a la confesión del victimario, pues tales audiencias se realizan normalmente en las capitales departamentales, mientras que las acciones de los grupos paramilitares habitualmente se realizaban en las zonas rurales, y las víctimas y sus familiares no cuentan con recursos

crear condiciones para la confesión y la disposición social para la escucha de los victimarios, se construye también una escucha diferencial frente al testimonio de las víctimas. Estas no solo tienen que someterse a escuchar todo tipo de justificaciones sobre la muerte o desaparición de sus familiares, sino que además tienen que enfrentar el miedo, el estupor y la ansiedad que representa estar enfrente de su victimario y esperar que la confesión aporte información significativa para el esclarecimiento de los hechos.[14] La voz de los victimarios es escuchada en los estrados judiciales, pues su testimonio tiene efectos en la verdad jurídica. Por su parte, la voz de las víctimas queda situada en los márgenes de la ley, que aunque prevé su inclusión, relega las vías para su participación efectiva.

Sin las condiciones de disponibilidad para su escucha, la voz de la víctima tan solo ocupa un lugar marginal en este lugar oficial, o en su defecto, termina cumpliendo una función ilustrativa por medio de la cual se intenta sostener la evidencia del "éxito" de la aplicación de la Ley de Justicia y Paz. Empero, la voz de las víctimas trasciende el espacio oficial y logra resonar en el interior de la ley *de otro modo*, y en otros escenarios. Así lo narra Myriam Moreno, integrante del capítulo regional del Movimiento Nacional de Víctimas de Crímenes de Estado en el departamento del Meta. Su esposo, miembro del partido Unión Patriótica, fue asesinado en la década de los noventa:

> Cuando nosotros iniciamos este proceso, no podíamos decir nada, nos teníamos que quedar callados. Fue gracias a la iniciativa de organizarnos como el Movimiento Nacional de Víctimas de Crímenes de Estado que pudimos empezar a hablar de nuestros casos. En el

---

o con la información suficiente para movilizarse hasta allí. A esto se suman las constantes amenazas contra varias de las víctimas, o su asesinato, tal como se ha reseñado.

14 A comienzos de 2007 el jefe paramilitar Ramón Isaza señaló en la primera jornada de su versión libre que no podía relatar nada de lo sucedido, con la excusa de que había empezado a sufrir la enfermedad de Alzheimer, y en consecuencia había olvidado todo lo ocurrido.

Meta hay muchas víctimas, mucha gente víctima de desplazamiento forzado, de otros hechos de violencia, y decidimos unirnos y empezar a trabajar en el capítulo… Ahora, nosotras tampoco podemos visibilizarnos como viudas de gente de la Unión Patriótica. Nosotros no podemos ir a ciertos municipios y decir "Nosotros somos víctimas de crímenes de Estado"; nos toca decir simplemente "víctimas de la violencia"… Nos ha tocado con discreción para poder hacer nuestro trabajo, porque es muy difícil hacerlo en un lugar en el que no hay garantías… No podemos decir que somos del Movice, porque en el departamento siguen operando los grupos paramilitares… Hemos tenido problemas de amenazas por el celular y por *mail*… Pero nuestro trabajo de memoria continúa. Nosotros fundamentalmente estamos recolectando la memoria de nuestros esposos asesinados para poder mostrar quiénes eran, que había un proyecto político y que no digan que como todos eran guerrilleros… Por eso, aun cuando a los de Memoria Histórica les interesa lo que nosotros estamos haciendo, porque hacemos muchas iniciativas de memoria muy importantes en la región, igual a ellos tampoco les interesa que se hable mucho de la Unión Patriótica, ni de que fue un partido político, sino simplemente que se trata de víctimas. O sea, es como el mismo estigma. Por eso el Movice, por lo menos para nosotros, es un espacio que nos garantiza decir lo que sentimos y pensamos; allí podemos expresar nuestras cosas. Y nos sentimos allí con seguridad. Nos ha otorgado cierta seguridad…, nos reconocen, saben lo que decimos y por lo menos nos creen. [Entrevista a Myriam Moreno (en adelante, M. M.), 2010].

MEMORIA HISTÓRICA SIN VERDAD JUDICIAL

La Comisión Nacional de Reparación y Reconciliación (CNRR) fue uno de los mecanismos que contempló la Ley 975 de 2005 para ajustar el proceso de amnistía a los paramilitares en materia de justicia transicional en Colombia. Su presidente, Eduardo Pizarro, ha señalado que la CNRR introduce un nuevo modelo de solución al conflicto en Colombia, que otorga un lugar privilegiado a las víctimas y marca una profunda diferencia respecto a la aplicación de las leyes de amnistía implementadas en negociaciones con diferentes guerrillas en Colombia en décadas pasadas:

> La Comisión está introduciendo un cambio en el modelo de solución al conflicto en Colombia. Los conflictos en el siglo XX los habíamos enfrentado fundamentalmente a través de leyes de amnistía. La amnistía de Rojas Pinilla de 1953, la amnistía de Alberto Lleras al inicio del Frente Nacional, en 1958, las leyes de amnistía en los años ochenta y noventa al M-19 y al EPL, eran formas de resolución del conflicto en acuerdos entre el Estado y sus adversarios (las guerrillas liberales o las guerrillas revolucionarias). Lo interesante de lo que ha comenzado en Colombia a partir de la Ley de Justicia y Paz es que hemos introducido un nuevo actor, que son las víctimas, y las víctimas como portadoras de derechos a la verdad, a la justicia y a la reparación. Esto nos va a permitir hacer un proceso mucho más sólido, porque vamos a luchar para cerrar las heridas de un conflicto tan prolongado sin que haya amnistía para los peores criminales, que tienen que responder ante la justicia. Espero que este modelo ahora sí funcione y que finalmente alguna generación colombiana pueda vivir un día en paz. [*El Espectador*, 7 de mayo de 2010].

Desde su origen, la CNRR aclaraba que no era una comisión de la verdad, pues no se creaba en las condiciones requeridas para tal fin; es decir, el cese del conflicto armado. Sin embargo, su hoja de ruta subrayaba que, no obstante gestarse en medio del conflicto, la CNRR asumía prácticamente todas las tareas que ha asumido este tipo de instituciones:

> La CNRR no es, propiamente, una comisión de la verdad, aun cuando una de sus funciones [...] va a ser la de crear las condiciones más propicias para el impulso de una futura comisión de la verdad. No obstante esta limitación, *el resto de las funciones de la Comisión coinciden con las tareas, que en mayor o menor medida, se le han asignado históricamente a este tipo de instituciones.* La principal diferencia radica en el hecho de que estas comisiones fueron creadas una vez

terminadas las dictaduras militares, las guerras civiles o el *apartheid*, mientras que la CNRR se crea en un periodo en el cual solo están madurando las condiciones para la superación del conflicto armado que afecta al país. Llevar a cabo una política de verdad, justicia y reparación en medio del conflicto será, sin duda, el mayor desafío que deberá enfrentar la CNRR. [CNRR, 2006, énfasis agregado].

La CNRR se definió así entre la imposibilidad de ser, en sentido estricto, una comisión de la verdad, al desarrollarse en medio del conflicto, y el anhelo de asumir las funciones propias de tales comisiones. Además, para garantizar el pluralismo político en su interior, la CNRR nombró de entre sus miembros a un grupo de representantes de la sociedad civil, que incluía a integrantes de organizaciones de víctimas y organizaciones de derechos humanos. El nombramiento de estos representantes y la ambivalencia en la definición de sus funciones generó amplísimos debates entre las organizaciones de víctimas y creó un gran malestar, porque para muchas de ellas la CNRR respondía al mismo mandato que limitaba el acceso de las víctimas a la justicia y garantizaba la impunidad de muchos de los crímenes de los paramilitares,[15] es decir, la Ley 975 de 2005.

En materia de verdad, el mandato de la CNRR definió como su principal tarea trabajar sobre la verdad histórica y no sobre la verdad judicial. Aunque la CNRR tiene como una de sus funciones garantizar la participación activa de las víctimas en el esclarecimiento judicial,[16] su campo de acción en esta materia se

---

[15]   En particular, el nombramiento de Ana Teresa Bernal Montañez como designada por el presidente de la República, en representación de la sociedad civil, de Patricia Buriticá Céspedes como designada por el presidente de la República, integrante de la sociedad civil, y de Régulo Madero Fernández como representante de las organizaciones de víctimas, generó un gran debate y malestar entre las organizaciones sociales y las organizaciones de víctimas.

[16]   "La CNRR no tiene funciones judiciales, como sí las tuvo, por ejemplo, la Comisión de la Verdad y la Reconciliación en Sudáfrica, que podía conceder amnistías. La aplicación de la justicia, de acuerdo con la Ley de Justicia y Paz, le corresponde a la Unidad de Justicia y Paz de la Fiscalía General de la Nación y a los tribunales superiores de distrito judicial. Sin embargo, de acuerdo con las

concentra en la investigación sobre la verdad histórica. A la luz de este mandato la CNRR creó el Área de Memoria Histórica, y seleccionó como director al historiador e investigador Gonzalo Sánchez, quien a su vez nombró a un grupo de académicos para desarrollar el objetivo principal del grupo.

El Área de Memoria Histórica se define como

> Un grupo de investigación de la Comisión Nacional de Reparación y Reconciliación (CNRR) que tiene como objetivo elaborar y divulgar una narrativa sobre el conflicto armado en Colombia que identifique "las razones para el surgimiento y la evolución de los grupos armados ilegales" (Ley 975 de 2005), así como las distintas verdades y memorias de la violencia, con un enfoque diferenciado y una opción preferencial por las voces de las víctimas que han sido suprimidas o silenciadas. Además, el grupo formula propuestas de política pública que propicien el ejercicio efectivo de los derechos a la verdad, la justicia, la reparación y las garantías de no repetición. Por la naturaleza de su mandato, el Área de Memoria Histórica de la CNRR goza de autonomía académica y operativa para poder adelantar su labor con rigor científico y veracidad. Memoria Histórica quiere ser un espacio para el reconocimiento, la dignificación y la palabra de las víctimas de la violencia en Colombia. [CNRR, 2007c].

El nombramiento de los académicos generó el mismo tipo de debates entre las organizaciones de víctimas, pues muchos de

---

funciones que le asigna la ley, la CNRR, en estrecha relación con la Procuraduría Judicial para la Justicia y la Paz y la Unidad de Justicia y Paz de la Defensoría del Pueblo deberá, en primer término, garantizar la participación de las víctimas en los procesos judiciales; en segundo término, hacer recomendaciones para la adecuada ejecución de los recursos contenidos en el Fondo para la Reparación de las Víctimas; y, por último, impulsar y orientar las comisiones regionales para la restitución de bienes, las cuales deberán atender las reclamaciones de las víctimas que sufrieron un despojo de sus bienes y orientarlas hacia las instancias judiciales respectivas" (CNRR, 2006). Con todo, aun cuando la CNRR tenga como función garantizar la participación de las víctimas en los procesos judiciales, dicha participación se ve limitada por la misma ley, que les asigna a las víctimas un lugar secundario en el esclarecimiento de los hechos.

quienes integraron el GMH son investigadores reconocidos por su lectura crítica tanto del texto de la Ley de Justicia y Paz como del proceso de reinserción y desmovilización de los paramilitares. Igual que pasó con la selección de algunos de los miembros de la CNRR, el nombramiento de los investigadores del GMH generó sensaciones encontradas en diferentes sectores. Para varias organizaciones de víctimas supuso hallarse ante un grupo de investigadores con los que habían establecido vínculos muy estrechos, pero al mismo tiempo, estar ante un mandato que sujetaba las acciones del grupo a la Ley 975 de 2005, que tanto habían criticado y a la que tanto se habían opuesto. Al mismo tiempo, en las organizaciones de víctimas surgieron opiniones diversas; algunos señalaron que era preferible contar con investigadores con una trayectoria reconocida y cercana a la perspectiva de las víctimas, mientras que otros subrayaban que la selección de estos investigadores representaba una cooptación de los espacios de debate académico por el gobierno del presidente Uribe.[17]

De tal modo, si a la luz de la Ley 975 de 2005 los paramilitares tienen un lugar primordial en la definición de la verdad judicial, las víctimas, por su parte, tienen un lugar significativo en la definición de la verdad histórica, a la luz del mandato asignado a la CNRR y a su Área de Memoria Histórica. De cierta manera, si para efectos de la verdad judicial la voz de las víctimas se sitúa en un lugar marginal, la CNRR y el GMH vienen a compensar y a otorgar

---

[17] La Fundación Manuel Cepeda Vargas, entre otras organizaciones, convocó a una reunión de los investigadores del Grupo de Memoria Histórica (GMH) y de las organizaciones de víctimas para discutir los efectos que tuvo para las organizaciones de víctimas la participación de dichos investigadores en un grupo que respaldaba la política de transición propuesta por el Estado colombiano. Aunque los espacios de diálogo se dieron en particular durante el año 2010, las posturas hoy en día son todavía encontradas en los movimientos de víctimas. Algunas de las víctimas ven con molestia el hecho de que el vicepresidente Francisco Santos encabece los actos protocolarios de presentación de los informes del GMH, pero a su vez ven como loable el compromiso de los investigadores. Otros consideran que toda vez que la presentación de los informes del GMH implica una puesta en escena en la que participan actores gubernamentales vinculados con la responsabilidad en los hechos de violencia de los que trata el informe, se trata, según indican, de "un diálogo de locos" (entrevista a M. D., 2010).

un lugar significativo a esas memorias. Ahora bien, el problema estriba en que muchas de las víctimas no reconocieron en la CNRR, ni en el GMH, a un interlocutor válido para la construcción de la memoria histórica. En parte porque el marco regulador de uno y otra es el mismo que amparó un proceso de amnistía sin profundizar en el reconocimiento efectivo de las estructuras de responsabilidad en el origen del paramilitarismo. Pero en parte también porque las acciones de ambos, aunque se proponían como independientes y autónomos, eran en todo caso parte de la institucionalidad estatal que muchas víctimas reconocían como promotora de la violencia o garante de la impunidad. Aun cuando el GMH promovió en diferentes organizaciones de víctimas el desarrollo de acciones concertadas, encontró muchas resistencias, en particular entre organizaciones que hacen parte del Movimiento de Víctimas de Crímenes de Estado (Movice).[18]

---

[18] Tal como señala Carolina Torres, secretaria técnica nacional del Movimiento Nacional de Víctimas de Crímenes de Estado, el surgimiento de dicho movimiento está ligado a la Ley 975, pues "cuando en junio vinieron los jefes paramilitares a hablar en el Congreso, nosotros éramos más o menos 50 o 60 personas de las diferentes organizaciones, y nosotros salimos ese día con nuestras fotos, con nuestras pancartas, con el 'sin olvido', a decir 'es absurdo que en un país como este el Congreso, el Senado y el presidente se presten para que vengan los jefes paramilitares a reivindicar su proyecto paramilitar de exterminio, de asesinato, de dolor, de masacres, y que no se reconozca que existen miles de víctimas y que para hablar de un proceso de amnistía o de reconciliación primero se tiene que hablar de un proceso de justicia'. Entonces, en ese momento surge el movimiento de víctimas, con 238 organizaciones, en ese primer momento, de mujeres, campesinos, indígenas, líderes sindicales… Había, recuerdo muy bien, organizaciones de mujeres, organizaciones de familiares, de diferentes zonas del país… Fue bastante participativa la gente de Arauca, de Córdoba, de Sucre, del Meta, y aunque había habido en este país bastantes escenarios en donde habían tratado de encontrarse, la guerra, al generar unos impactos de polarización muy profundos, no permitía que muchas organizaciones lograran encontrarse. Entonces el movimiento también se ha convertido en esa apuesta que transciende, digamos, la consigna política coyuntural, y se ha convertido en un encuentro estratégico de las organizaciones para reivindicar no solamente los derechos de las víctimas, sino también esos proyectos de país que quedaron truncados por el genocidio, por el asesinato" [entrevista a C. T., 2010].

La construcción del primer informe[19] —el caso Trujillo— presentado por el GMH supuso, según lo explica Gonzalo Sánchez, director del grupo, intentar poner en evidencia el carácter de autonomía e independencia de los investigadores y establecer diferentes puntos de negociación con las organizaciones de víctimas.

Comenzamos con un caso que para nosotros es muy importante por muchas razones: el caso de Trujillo. Este caso nos proponía una cantidad de desafíos muy complicados, pero que queríamos enfrentar, y preferíamos que ese fuera el primer caso público. Era un caso de responsabilidad de Estado, aunque no se limitaba a eso, pero había responsabilidad de Estado. Nosotros queríamos con ese caso mandar un mensaje a las organizaciones sociales… que tenían prevenciones sobre nuestro trabajo, sobre nuestra real autonomía. Entonces dijimos: "Cojamos el toro por los cuernos y veamos el primer caso de memoria histórica, a ver hasta dónde nos dejan ir y hasta dónde podemos avanzar, también, con ese reconocimiento de las organizaciones sociales que hacen parte del movimiento de crímenes de Estado". Para nosotros fue una apuesta política; no solo una apuesta de investigación… Fue una apuesta política, así, de frente, y creo que se ganó bien, porque, para decirlo de alguna manera, el Estado respetó el trabajo, y eso hay que reconocerlo. Era una propuesta difícil, y creo que por eso también las organizaciones de víctimas reconocieron el trabajo. Fue una labor, no diré que lenta, porque no lo fue tanto, pero sí necesitó un proceso de construcción de confianza con las organizaciones sociales, y específicamente con la organización de víctimas ligada al evento: la Asociación de Familiares de Víctimas. Con ellos, a decir la verdad, se estableció una relación muy buena y muy productiva, pero obviamente sobre bases muy demostrables: primero, la investigación misma, el proceso de investigación, se hizo consultándoles previamente a ellos. Evidentemente, se hicieron acuerdos sobre cosas fundamentales; el texto, antes de divulgarse, se consultó con su organización, se

---

[19] La metodología elegida por el GMH incluía la selección de casos emblemáticos. Dicha metodología será analizada más adelante en este documento.

discutió con ellos. Existieron tensiones, obviamente, y nosotros no hemos ocultado que este es un terreno de tensiones, y no solamente con los demás: es un terreno en el que las tensiones las encontramos entre nosotros mismos, adentro también. [Entrevista a Gonzalo Sánchez (en adelante, G. S.), 2010].

En efecto, el caso de Trujillo fue uno de los primeros escenarios de tensión y discusión con las organizaciones de víctimas. A partir de él, el GMH tuvo que discutir sus posturas frente al Estado y definir qué implicaba situarse a la vez en el mandato que determinaba la Ley 975 y operar como un grupo de investigadores autónomos e independientes. La definición de esa autonomía, la legitimidad del grupo y la confianza para trabajar con él se sustentaron fundamentalmente en el reconocimiento que las organizaciones hicieron del equipo de investigadores del GMH. Para Gonzalo Sánchez fue de crucial relevancia la autonomía en la conformación del equipo, pues

No es un equipo gubernamental: este es un equipo autónomo. Eso daba un sentido de confianza a las organizaciones sociales "críticas" por la trayectoria personal [de los investigadores]. Eso incide, eso es real y la gente dice: "Si usted nos da confianza, si usted además tiene ese mandato expreso de una autonomía para conformar un equipo…". Entonces yo tenía que decir por quiénes estaba compuesto mi equipo. ¿Con qué criterio había sido conformado? Simplemente considerábamos que fuera gente muy reconocida en el campo de la investigación sobre la violencia y en la autonomía de sus posiciones frente a varios sectores de la sociedad colombiana. Allí contaba mucho cuál era ese equipo. Desde el comienzo había en él gente que era muy del mundo de la investigación o del mundo de las ONG muy críticas, o que tenían un papel muy central en el tema de los derechos humanos. El hecho de que estuviera el Cinep, o el Instituto Pensar de la Universidad Javeriana, o el IEPRI de la Universidad Nacional, el hecho de que estuviera Arco Iris […] o DeJuSticia, que son figuras públicas críticas, eso incidió. [Entrevista a G. S., 2010].

De esta manera, la imagen que cada uno de los investigadores del GMH proyectaba como resultado de su trabajo previo constituyó uno de los puntos fundamentales de amarre de la confianza que necesitaba generar el grupo o, puesto de otra forma, definió una manera de solventar, en parte, la desconfianza, suspicacia y tensión que desde el inicio suscitaban las iniciativas gubernamentales en materia de garantía de derechos para las víctimas. Sin embargo, desde otra perspectiva, la participación de estos investigadores representaba el éxito de una política gubernamental que, tal como lo había hecho en el proceso de conformación de la CNRR, terminaba por cooptar a diferentes sectores críticos del gobierno, dando al traste con las posibilidades de la crítica; asimismo, su legitimidad se tornaba relativa:[20]

> Nosotros consideramos que el Grupo [de Memoria Histórica], tiene personas muy importantes y que han sido realmente esenciales para el trabajo en este país, pero consideramos que el grupo ha querido mantener su independencia, aunque realmente no la tiene, porque, por ejemplo, hemos visto a Eduardo Pizarro refiriéndose a la labor del Grupo de Memoria Histórica como si fuera un trabajo de la Comisión. Consideramos que un grupo de memoria histórica cuya legitimidad no sea reconocida por las organizaciones de víctimas es un grupo que de hecho, de facto, tiene problemas. [Entrevista a Carolina Torres (en adelante, C. T.), 2010].

En todo caso, estas dos posturas convergen en que, al haber logrado la representación de estos sectores de la Academia, se trazaba un punto de partida necesario para el desarrollo de las actividades del GMH. Sin embargo, esto también constituyó un éxito para la visibilidad de la CNRR ante las víctimas y una ganancia para el Gobierno, que mostraba la pluralidad del escenario transicional que intentaba construir. Por otro lado, para varias organizaciones de víctimas trabajar con el GMH significaba hacer

---

[20] En ese sentido, véase, por ejemplo, el artículo "El fin de la Academia", de la periodista María Jimena Dussán (*Semana*, 18 de julio de 2009).

visibles y audibles los hechos sucedidos e intentar poner en el escenario de discusión pública y jurídica la ausencia de justicia y de políticas de reparación.[21] En la medida en que el GMH intentó construir un diálogo con diferentes organizaciones en búsqueda de la pluralidad y el apoyo de otros sectores de la sociedad, varias víctimas, organizadas o no, decidieron participar:

> ¿Qué significa autonomía —dijimos nosotros— en el dialogo social y político de las organizaciones sociales? Eso quería decir que nosotros de partida asumíamos que podíamos hablar con adversarios totales del Gobierno o con adversarios totales de la propia CNRR, o incluso con gente que no quería trabajar con nosotros pero que aceptaba que se podía dialogar. Y nosotros entendimos eso así, es decir, hemos hablado con gente que no ha aceptado trabajar con nosotros, pero hemos hablado con ella sobre la base de una relación de respeto. Eso ha ido abriendo cada vez más nuevos espacios. [Entrevista a G. S., 2010].

Sin embargo, ganar esa visibilidad no implicó solventar las contradicciones, ambigüedades y ambivalencias que se habían plasmado desde el inicio del GMH, sino intentar construir un escenario posible a partir de allí. Así lo expresa María Victoria Uribe, una de las investigadoras del grupo:

> Siempre me ha parecido muy interesante que estamos trabajando en una frontera y en una situación muy particular, porque eso de *justicia transicional* es muy relativo, ya que hay que preguntarse: "¿justicia transicional de qué y hacia qué?". Eso no está muy claro. Aquí no va a haber un cambio de régimen político; con suerte, el proceso de justicia transicional va a servir para aumentar el conocimiento

---

21 Al respecto Iván Cepeda afirma que en este tipo de espacios "hay una serie de personas e instituciones, como en todo gran debate político, que han creído que es posible generar, en el marco de la misma institucionalidad, corrientes de opinión favorables a procesos de justicia y verdad, y creo que esas posiciones son respetables —esas, pero no las otras, las que juegan un papel más consiente de argumentación ideológica de un proyecto político—" (entrevista a I. C., 2010).

del número de crímenes cometidos en el país, pero creo que para nada más. De todas maneras, me parece muy interesante trabajar en un grupo que tiene un estatus muy ambiguo, porque depende de la Vicepresidencia de la República, está adscrito a la CNRR, y eso es una impronta muy complicada para el Grupo de Memoria Histórica, porque prácticamente es parte del Estado, pero al mismo tiempo tiene un mandato de autonomía que le permite hacer unos informes que realmente no pasan por mayores filtros: los informes de Memoria Histórica se publican tal como Memoria Histórica los escribe. Entonces, resulta muy interesante trabajar con todos los colegas de diferentes disciplinas y procedencias del Grupo. Allí hay de todo: historiadores, sociólogos, antropólogos, abogados… Es un trabajo interdisciplinario muy interesante. [Entrevista a María Victoria Uribe (en adelante, M. V. U.), 2010].

Sin solventar la ambigüedad, esta doble condición de independencia y pertenencia al Estado se expresa al tiempo como un campo de posibilidad y como una limitante, tal como lo señala María Victoria Uribe:

—Memoria Histórica está consciente de que precisamente, y es una paradoja, la fortaleza del Grupo consiste en que está metido en las entrañas del Estado. Entonces, en ese sentido, Memoria Histórica dice: "Sí, tenemos que pagar un precio muy alto de legitimidad con las organizaciones de víctimas, por ejemplo, de las víctimas de crímenes de Estado, en concreto, que no le comen cuento al Grupo de Memoria Histórica; pero al mismo tiempo estamos incrustados en las entrañas del Estado y podemos señalarle a este ciertas cosas de las que no podríamos decirle nada si estuviéramos en otra situación". O sea, de alguna manera esa ambigüedad es vista como algo positivo. Es decir, es mejor, es más efectivo tirarle piedras al Estado desde el Estado mismo, que hacerlo desde fuera. Es un poco eso. Señalarle al Estado sus inconsistencias y sus problemas siendo parte es mucho más efectivo que hacerlo desde afuera, porque finalmente, cuando se hace de esta otra forma —que es lo que hace la mayoría de las ONG—, muchas veces el Estado no oye. A nosotros de alguna manera nos oye, y lo sabemos porque han pasado cosas muy interesantes.

—*¿Qué significa para ti el hecho de hacer un trabajo de reconstrucción de memoria histórica cuando ese escenario de reconstrucción de la memoria es un emprendimiento estatal?*

—Sería ideal que el Grupo de Memoria Histórica fuera completa y totalmente independiente del Estado; lo ideal sería que no tuviera absolutamente ningún vínculo con el Estado, porque eso le haría más fácil su labor. Finalmente, los informes que hace Memoria Histórica pisan callos y tienen aspectos que no son fáciles de digerir. Si nosotros fuéramos un grupo independiente, nuestras conclusiones e interpretaciones serían mucho más arriesgadas. El hecho de pertenecer a la CNRR y de tener que ver con la Vicepresidencia de la República nos limita mucho. [Entrevista a M. V. U., 2010].

Así, la independencia y autonomía se mueve dentro de los límites impuestos por un marco normativo que define un vínculo institucional con el Estado. La narrativa académica que faculta a los investigadores se ve, sin embargo, constreñida por un orden institucional que define el carácter de los informes. De allí que una vez presentados los primeros informes, las organizaciones sociales y las organizaciones de víctimas reclamen al GMH por la falta de fuerza en las conclusiones y en la atribución de responsabilidades. En todo caso resulta paradójico que la potencia del GMH se sustente en la posibilidad de señalar puntos críticos al Estado desde una narrativa en cierto sentido oficial, pero independiente, y que al mismo tiempo esta condición sea una restricción para poder indicar con vehemencia tales puntos críticos.

En principio, una explicación de esta paradoja se halla en el hecho de que el GMH no opera con las funciones de una comisión de la verdad[22] ni tiene facultades judiciales. De allí que los integrantes del GMH subrayen la imposibilidad de atribuir o señalar responsabilidades que no han sido proferidas con anterioridad

---

[22] Al respecto véase la entrevista a Gonzalo Sánchez "No somos comisión de verdad" (*El Espectador*, 26 de septiembre de 2009).

por un ente judicial. En efecto, tal como lo explica María Victoria Uribe, la elaboración de un informe incluye, además de una profunda discusión entre los miembros del grupo, un juicioso filtro desarrollado por un área jurídica encargada de establecer si lo señalado en dicho informe se argumenta con pruebas suficientes:

> —Generalmente esos informes los hacen personas individuales con sus asistentes, quienes comienzan por elaborar un primer borrador, que se discute con el Grupo de Memoria Histórica, y que se cuestiona a fondo, "queda en los rines", y hay que volver a hacerlo. Eso pasa por muchos filtros y lecturas, y mientras todo el mundo no esté de acuerdo, no se le da luz verde. Entonces son textos muy cuidadosamente escritos, sobre todo la parte jurídica, que tiene una revisión exhaustiva para no implicar a gente si no hay pruebas que la relacionen con los casos, para no decir cosas que no hay cómo probar.
> —*¿Eso podría explicar en parte el malestar de algunas organizaciones de víctimas con los informes, organizaciones que esperarían, por ejemplo, que esos informes expusieran con claridad cierta información que todo el mundo sabe? ¿Estas cosas no se dicen con vehemencia porque no hay pruebas?*
> —Sí, yo pienso, por ejemplo, en el caso de El Salado, pues si vamos a decir que los infantes de marina tuvieron un papel protagónico en la masacre, es evidente que sí, todos los sabemos, pero ¿dónde están las pruebas? Es decir, no podemos afirmar nada que no podamos probar. Eso nos limita, porque aunque nuestra verdad es una verdad histórica, tiene que tener pruebas judiciales. Entonces, eso limita mucho el alcance y las conclusiones de los informes. Uno quisiera inculpar a empresarios, a políticos, o sea, que toda la gente que participó sea denunciada, pero muchas veces no hay cómo hacerlo; por ejemplo, en el caso de El Salado es *vox populi* que la Gata fue una de las que incitaron la masacre, pero no hay pruebas; entonces, Memoria Histórica no lo puede decir.
> —*¿En eso radicaría la diferencia entre ustedes y una comisión de la verdad? A veces se espera de los informes del Grupo de Memoria Histórica que tengan una investigación, y no solo de la memoria de las víctimas, sino de estructuras de responsabilidad.*

—Sí, pero entonces tenemos el grave problema de que no somos una comisión judicial, y por ello no tenemos esa facultad que tienen las comisiones judiciales de buscar las pruebas para probar algo. Nosotros hacemos una reconstrucción histórica basados, muchas veces, en fuentes secundarias, y documentamos al máximo lo que pasó, pero eso no tiene valor judicial. Es decir, lo que nosotros decimos no sirve como prueba judicial. [Entrevista a M. V. U., 2010].

Si bien el Grupo de Memoria Histórica no cumple las funciones de una comisión de verdad ni cuenta con facultades para hacer una investigación judicial con el propósito de establecer estructuras de responsabilidad, cuenta, no obstante, con un filtro judicial que somete a escrutinio todas aquellas afirmaciones que carezcan de una prueba. Por no tener las funciones ni las facultades para indagar o exigir las pruebas judiciales, y por estar su marco de acción supeditado a la memoria de las víctimas, y no a hechos jurídicos, ¿cómo se podrían explicar las restricciones que tiene el GMH para nombrar o narrar aquello que justamente está en la memoria de las víctimas, de lo cual no tiene prueba jurídica y que no ha sido juzgado, pues justamente permanece en la impunidad? Si a una comisión judicial o a una comisión de la verdad les corresponde hallar las pruebas de aquello que circula en la memoria de las víctimas, ¿por qué una comisión de la memoria tendría que operar también bajo la lógica de la prueba, si justamente trabaja con la memoria de las víctimas, con aquello que está pendiente de ser investigado? ¿Cuál es la noción de *memoria*, de *víctima* y de *verdad* que circula en un escenario como este?

El principal argumento que se expone sobre esta suerte de paradoja es que el GMH se diferencia notablemente de una comisión de la verdad no solamente en que no puede adelantar investigaciones judiciales o tener efectos jurídicos, sino en que además el GMH realiza su trabajo en medio del conflicto armado, y no en un contexto de posconflicto. Tal como se ha señalado hasta aquí, en efecto es justamente la pervivencia del conflicto armado, y de las lógicas de guerra, lo que permite comprender las dinámicas sobre las cuales las memorias oficiales tienden no solo a situarse en el campo de la disputa social, sino también a funcionar como un campo de legitimación de los discursos de los victimarios o de deslegitimación de la memoria de las víctimas. En todo caso, es necesario analizar por qué si el conflicto armado pervive, se recurre a narrativas sobre el posconflicto.

La existencia efectiva del conflicto armado hace preguntarse si los marcos jurídicos y las funciones definidas tanto para la CNRR como para el GMH son coherentes con este contexto o si, por el contrario, están trazados como si se estuviera en un escenario posconflicto; además, habría que indagar si en realidad las funciones y los efectos que se le atribuyen a una comisión de la verdad son únicamente los trazados por un contexto de posconflicto. En cierto sentido, a este tipo de comisiones se le estarían atribuyendo capacidades, funciones y responsabilidades que dejarían aplazada la eventualidad de las investigaciones, la posibilidad de identificar responsables y la consecución de nueva información para cuando se dé la constitución efectiva de un posconflicto, por lo que habría que asumir, con cierta resignación, la impunidad que deriva del contexto actual. Al respecto, una de las investigadoras del GMH señala:

> La comisión de la verdad tiene, a mi manera de ver, una diferencia grande respecto de Memoria Histórica en un punto muy importante, que es el tipo de gente que integra una comisión de la verdad y lo que es el Grupo de Memoria Histórica: una comisión de la verdad, primero, generalmente se convoca en época de posconflicto, o sea, la convocan gobiernos de transición cuando ha terminado el conflicto, para aclarar precisamente ese conflicto y las consecuencias del mismo. Aquí se convoca a un grupo de intelectuales que nombra Gonzalo Sánchez en medio de la guerra; o sea, el Grupo de Memoria Histórica no tiene mucho que ver con una comisión de la verdad. Entre otras cosas, la pelea por la legitimidad ha sido muy dura precisamente por eso, porque si nosotros fuéramos una comisión de la verdad, el Grupo estaría integrado por personas muy reconocidas por la sociedad, personas que estarían más allá de cualquier suspicacia y de cualquier duda, y este no es el caso:

nosotros somos intelectuales vinculados a universidades, a grupos de trabajo, algo muy distinto de lo que se espera de una comisión de la verdad. Y precisamente lo que una comisión de la verdad dice se vuelve una cosa muy importante, pero porque está convocada por un gobierno de transición, generalmente en épocas de posconflicto, con el objeto de aclarar lo que sucedió durante ese conflicto. Entonces, está todo como muy acotado: vamos a mirar entre esta fecha y esa fecha y vamos a tratar de aclarar lo que pasó aquí. Nosotros no tenemos fechas; nosotros estamos reconstruyendo verdad histórica en medio de las balas. Eso es lo que nos hace tan distintos. [Entrevista a M. V. U., 2010].

Por su parte, Gonzalo Sánchez indica sobre los vínculos entre el GMH y una eventual comisión de verdad:

Ese es un tema complejo. Yo me siento incomodo todavía al plantear eso, porque es como si nos estuviéramos peleando por alguna presa. Nosotros siempre hemos dicho, planteando realista y modestamente el trabajo, que nuestra labor tiene mucho que ver con la de las comisiones de la verdad. Aquí siempre hubo una tendencia a llamarnos Comisión de Memoria Histórica, para darle peso al asunto, pero por otro lado nosotros mismos insistimos en llamarnos Grupo de Memoria Histórica, para quitar esa tremenda expectativa y cargas de funciones que no podíamos llevar. Pero dijimos también, y eso desde el comienzo está en nuestro plan estratégico, que esperamos que nuestro trabajo sea un aporte fundamental a una eventual comisión de la verdad.

Creo que todavía no está claro si en este país va o no a haber una comisión de la verdad. Hay gente que dice no, en parte porque mucha gente piensa que el trabajo que está haciendo Memoria Histórica es el equivalente a una comisión de la verdad. Yo me quedo callado respecto a si eso se puede interpretar así. Pero así lo acaba de decir, de cierta manera, Frank Pearl en una entrevista. Hay otras afirmaciones que recalcan un poco ese sentido, como si se reconociera que esto puede ser un punto de partida para… La Corte Suprema de Justicia, por ejemplo, planteó en algún momento, ante las debilidades de la Fiscalía, la necesidad de conformar una especie de comisión investigadora, y dijo explícitamente que debería cumplir funciones como las que cumple Memoria Histórica con sus informes, para que sea un apoyo al trabajo de la justicia, que tiene una perspectiva mucho más limitada. Y dada la naturaleza compleja de este conflicto, los trabajos de Memoria Histórica, o de ese ente que desempeñaría tareas similares a las que está cumpliendo Memoria Histórica, deberían complementar el escenario de construcción de la verdad en el país.

Hasta allí llegó la Corte, pero esta institución también ha lanzado la idea de la comisión de la verdad, que también ha sido planteada por el alto comisionado para los derechos humanos de Naciones Unidas, o por los representantes locales de ese organismo. O sea que la idea se ha venido ventilando. Nosotros no nos hemos movido mucho en ese escenario como para decir: "No nos quiten eso, que es nuestro"; o "dénnoslo a nosotros, que nosotros podríamos ser los depositarios de eso". Reconozco que tenemos que hablar con estos distintos actores que están proponiendo la idea para saber, por lo menos, de qué se trata, o el alcance de lo que ellos están pensando. [Entrevista a G. S., 2010].

En efecto, la Corte Suprema de Justicia señaló la necesidad de establecer una comisión de la verdad como un *órgano* extrajudicial para hacer más efectivos los mecanismos para determinar las responsabilidades sobre muchos de los crímenes cometidos. Esta propuesta fue rechazada por distintos representantes del gobierno del presidente Uribe, quienes señalaron que la CNRR y el GMH eran un mecanismo suficiente para el conocimiento de la verdad. En una entrevista concedida al periódico *El Espectador*, el comisionado de Paz y consejero presidencial para la Reintegración, Frank Pearl, señalaba, por una parte, que entre los déficits que tenía el proceso de justicia y paz estaba el hecho de que había limitaciones en el conocimiento de la verdad: "Es importante reconocer que mientras no se sepa toda la verdad, habrá algo de impunidad". Y luego indicaba que

No se necesita una comisión de la verdad en Colombia. Los países que han tenido ese tipo de mecanismos, las han implementado en contextos históricos muy diferentes. Además, aquí tenemos la Comisión Nacional de Reparación y Reconciliación con un equipo del más alto nivel que trabaja en la memoria histórica y que ha producido dos informes impecables sobre las masacres de El Salado y de Trujillo. Son reportes crudos y objetivos que nos permiten aprender de los errores. Aquí tenemos la manía de duplicar funciones. No hay para qué hacerlo. [*El Espectador*, 19 de junio de 2010].

Con todo, habría que subrayar que, consideradas como referentes para la justicia, existen otras fuentes documentales e investigaciones que podrían aportan mayor información de cara a una eventual comisión de la verdad que los informes del GMH. Así lo señala también el representante a la cámara Iván Cepeda:

Yo no le atribuiría un grado superlativo al Grupo de Memoria Histórica. Es un elemento de un contexto mucho más amplio y rico. Para mí son mucho más importantes y significativas las decisiones del poder judicial, del Sistema Interamericano, de la justicia internacional; es mucho más importante el debate social, y de eso, como un elemento más, hace parte el Grupo de Memoria Histórica [...] Incluso hay investigaciones artísticas y periodísticas, documentos cinematográficos que podrían, en un momento determinado, tener un valor superior al de los informes del Grupo de Memoria, así que no le reconocería un valor desmesurado al significado de Memoria Histórica. [Entrevista a I. C., 2010].

En el escenario trazado para conocer la memoria de las víctimas, y puesto de esta manera, su voz seguiría circulando en el ámbito de aquello que no alcanza un peso jurídico, pues, además de ocupar un lugar marginal en el marco de los procesos de la Ley de Justicia y Paz, sus efectos se ven limitados también en aquellos escenarios que se supone están dispuestos para su escucha. Si los informes producidos por el Grupo de Memoria Histórica quedan circunscritos a narrativas vinculadas con la existencia de pruebas jurídicas, el testimonio de las víctimas seguirá teniendo un efecto limitado para emprender, desde la institucionalidad que pretende acoger su memoria, la lucha contra la impunidad.

Ahora bien, según lo expresan varios de los investigadores del GMH, en los informes han pretendido ir más lejos de lo que, en principio, les señala su mandato. Ello les ha permitido dar cuenta de ciertas circunstancias y hechos que son de pleno conocimiento de las víctimas, que circulan como memoria, pero carecen de una investigación o condena judicial. Así, en cierto modo los investigadores llevan al límite el marco de posibilidades que les da el escenario del GMH, e intentan usarlo a favor de las víctimas. De igual manera, algunas de las víctimas y de las organizaciones de derechos humanos han logrado emplear el informe como un recurso para ganar visibilidad o para exponer en las discusiones públicas los hechos de violencia y las condiciones de impunidad que siguen vigentes, e incluso para reactivar investigaciones que habían quedado rezagadas, de modo que en un escenario como el colombiano, este tipo de acciones, gestadas en ámbitos institucionales, cobran también relevancia social y son significativas para las víctimas. El representante a la Cámara Iván Cepeda evalúa así este tipo de acciones:

> En esto soy amigo de tener posiciones muy analíticas y de no condenar determinadas actitudes con posiciones de principio, porque sí, efectivamente hay personas y personalidades del mundo de la Academia que han jugado un papel conscientemente funcional en un proyecto de amnesia, o como quieras llamarlo. Pero hay otras personas que están jugando un papel que, a mi modo de ver, es necesario examinar, un papel favorable a los intereses de las víctimas y de las organizaciones de derechos humanos, porque en un contexto no convencional en el que no hay unas fuerzas de la impunidad y de la dictadura militar claramente identificadas, con esfuerzos que presionan por lo contrario, que es muy variopinto, muy lleno de matices, no es sensato asumir posiciones de condenas absolutas y radicales, o de aceptaciones irrestrictas, y hay que tener siempre una mirada bastante matizada de los hechos. Lo digo porque esta no es la primera situación, en el contexto político colombiano, en el que

usted ha tenido que asumir una posición. De hecho, soy partidario de ver cómo se mueven las personas en determinados contextos, porque solo dependiendo de sus posiciones conceptuales podrían asumirse posiciones tajantes de principio. El resultado siempre es mucho más complejo. [Entrevista a I. C., 2010].

Aunque varios de los casos elegidos por el GMH para desarrollar su trabajo han sido investigados previamente por organizaciones de derechos humanos que han acompañado a las víctimas en los últimos años, e incluso algunos de esos casos han sido objeto de investigación de la Comisión Interamericana de Derechos Humanos, o incluso han sido fallados por la Corte Interamericana de Derechos Humanos,[23] su investigación ha supuesto la reactivación de procesos judiciales o la puesta en evidencia de que las sentencias o recomendaciones internacionales no se habían cumplido; es decir, puso en el escenario público la discusión sobre muchos casos:

Si vamos a hablar en concreto del Grupo de Memoria Histórica, creo que es importante el hecho de que ha desarrollado una investigación sobre algunos casos que están en curso, que tienen un resultado que hay que analizar críticamente. Por primera vez comienza a conocerse un proceso histórico con interpretaciones muy discutibles, pero permite avanzar en ciertos temas. Para ponerlo en el otro plano: en Colombia estamos dando el paso de la negación a la discusión interpretativa. Son dos momentos distintos de todo proceso de memoria. Seguramente hay un momento inicial de negación de los hechos, de negación de las víctimas, de los crímenes,

---

[23] Así por ejemplo, el caso de Trujillo cuenta con un informe previo elaborado por la Comisión Interamericana de Derechos Humanos (Comisión de Investigación de los Sucesos Violentos de Trujillo, 1995). Por su parte, el caso de la masacre de La Rochela cuenta con una condena al Estado por la Corte Interamericana de Derechos Humanos (CIDH). En la sentencia, entre otras cosas, la CIDH obligaba al Estado colombiano a realizar varias acciones tendientes a la reparación de las víctimas, entre ellas la reparación simbólica. El Informe presentado por el GMH en realidad hizo parte del cumplimiento de lo dispuesto por la Corte Interamericana como mecanismo de reparación simbólica.

de la existencia fáctica de un conjunto de realidades. Creo que en Colombia ya es muy difícil hablar… Entonces, regularmente, en estos contextos, ni siquiera la aseveración de la existencia de los fenómenos es admitida. Lo que se ha logrado ha sido el producto de un largo proceso. [Entrevista a I. C., 2010].

Efectivamente, varios de los casos presentados por el GMH han tenido efectos de visibilidad trascendentales, logrados como resultado de la presentación pública de los informes. Sin embargo, y dadas las limitaciones que se supone marca el hecho de operar como un grupo de memoria en medio del conflicto, y no como una comisión de la verdad de los tiempos del posconflicto, las conclusiones y recomendaciones de los informes no son asumidos con un férreo compromiso por las instituciones del Estado,[24] con lo cual el pretendido efecto de reactivación de los procesos tiende a quedar reducido, del mismo modo que ha sucedido con las investigaciones realizadas por otras organizaciones, con la diferencia de que los informes del GMH son la carta de presentación del gobierno en materia de reparación, y "la muestra incontrovertible del compromiso y solidaridad del gobierno con las víctimas".[25] Así, dicha presentación pública termina por expresar también los puntos de tensión y contradicción que subyacen a este proceso.

EMBLEMATICIDAD DEL TESTIMONIO Y MEMORIA PÚBLICA

La presentación pública de algunos de los informes del Grupo de Memoria Histórica ha logrado un notorio impacto mediático. Los primeros dos informes presentados —*Trujillo: Una tragedia que no cesa* (2008) y *La masacre de El Salado: Esa guerra no era nuestra* (2009)— tuvieron una divulgación significativa en los ámbitos académico y de las organizaciones sociales del país. El

---

[24] Al respecto véase "No somos comisión de verdad" (*El Espectador*, 26 de septiembre de 2009).

[25] Palabras del vicepresidente Francisco Santos con ocasión de la presentación pública del informe sobre la masacre de El Salado en el Museo Nacional de Colombia (Bogotá, septiembre de 2009).

caso de la masacre de El Salado —perpetrada en el norte del país por grupos paramilitares en connivencia con los militares colombianos— llegó incluso a ser tema de discusión en las principales emisoras del país durante casi una semana. La emisora La W promovió una campaña de solidaridad con las víctimas mediante una manilla que se distribuyó en varias ciudades del país. Incluso el Reinado Nacional de Belleza que se celebra anualmente en Cartagena contó con "la labor social" de las candidatas del reinado, quienes llevaron juguetes a los niños de El Salado.

Sin embargo, el posicionamiento mediático contrasta con las precarias condiciones de reparación a los sobrevivientes de la masacre de El Salado y a los familiares de las víctimas. Justamente el informe presentado por el Grupo de Memoria Histórica de la CNRR *La masacre de El salado: Esa guerra no era nuestra* (2009) señala que menos del 5 % de los paramilitares que participaron en la masacre han sido condenados, y menos del 50 % de los habitantes de El Salado han regresado al municipio. Con ocasión del lanzamiento del informe, el músico César López presentó, junto con varias de las víctimas, algunas composiciones musicales, entre las que se incluía el Nuevo Himno de El Salado y algunas trovas elaboradas por los propios habitantes del corregimiento. Además de la presentación del informe y de las palabras del director del GMH, el acto incluyó las palabras del vicepresidente de la República, Francisco Santos. Asimismo, al finalizar el evento hubo un espacio para unas trovas finales presentadas por una de las víctimas. Mientras el vicepresidente expresaba su regocijo, porque la presentación del informe constituía una de las maneras de emprender las acciones de reparación de las víctimas, las trovas finales indicaban el descontento de estas porque la única medida de reparación efectuada por el Gobierno nacional consistió en un centro de salud sin médico y una carretera polvorienta que no se terminó. Si el vicepresidente exaltaba los logros de la política de reparación en el municipio de El Salado y señalaba que el mayor logro de esa política era justamente la presentación del informe, las víctimas, por su parte, reiteraban el abandono y el incumplimiento del Gobierno.

Lo que se pone en evidencia en el discurso del vicepresidente y sus evidentes contradicciones con la realidad de las víctimas es, entre otras cosas, el problema que supone considerar que para los procesos de reparación será suficiente la presentación pública del dolor de las víctimas, independientemente de la posibilidad de escucha de la sociedad ante a ese dolor. Algo que expresó Primo Levi cuando se cuestionaba ante un sueño —o pesadilla— recurrente: "¿Por qué el dolor de cada día se traduce en nuestros sueños tan constantemente en la escena repetida de la narración que se hace y nadie escucha?" (Levi, 2005: 32). El problema que entraña entonces la divulgación pública del testimonio de las víctimas es el de una escucha efectiva. Dicha escucha no se logra solamente por el proceso de divulgación del testimonio; el anhelo de la víctima en realidad va más allá de hacer conocer su caso o el de su familiar: en su testimonio hay un intento de lucha por la justicia, y no solo por el reconocimiento. En la idea de recopilación de la memoria del dolor y en su divulgación existe la concepción de que se está ante los mayores logros de la solidaridad y el respeto por el otro: por un lado, *dar voz a quien no la tiene*, y por otro, *hacer pública su voz*. La primera concepción encarna una violencia epistémica que subalterniza al otro bajo una buena intención, mientras que la segunda se fundamenta en una mirada superficial sobre la catarsis, considerando que la sola puesta en palabras es un recurso para la sanación. Tal como señala Alejandro Castillejo a partir de su experiencia de investigación sobre Sudáfrica,

> El problema no es darle una voz al otro, como reza el argumento neocolonialista, sino recalibrar la capacidad propia de escuchar con profundidad histórica. Adicionalmente, oír o escuchar está determinado por el contexto de enunciación que le impone unos límites a ese escuchar e incluso a ese decir. [2007: 85].

El informe *La masacre de El Salado: Esa guerra no era nuestra* (2009) busca dar visibilidad a la voz de las víctimas, toda vez que la voz y la versión de los victimarios se impuso socialmente en la forma de narrar la masacre:

De forma posterior a la masacre de El Salado, en los medios masivos de comunicación fueron oídas las voces de los victimarios, de las instituciones estatales y de las víctimas. Pero la presencia de estas últimas fue notablemente menor. La presencia dominante en el escenario mediático fue la de los paramilitares, que, con un discurso salvador de la patria frente a la guerrilla, señalaron y estigmatizaron a las víctimas de El Salado, sin confrontación o interpelación ética o política alguna. Los medios no fueron para los victimarios una oportunidad para arrepentirse, confesar o contar las verdades de la guerra. Al contrario, lo fueron para reivindicar los hechos y continuar la ignominia contra los saladeros. [CNRR, 2009: 15].

Al dar visibilidad a la voz de las víctimas, el informe sobre El Salado muestra cómo los hechos ocurridos no fueron un combate contra las FARC ni el resultado de una acción paramilitar contrainsurgente, sino una masacre contra la población civil. El informe señala cómo el silencio se impuso entre las víctimas como resultado de los hechos de violencia, de las condiciones de impunidad y la circulación pública de la versión de los victimarios, y subraya cómo la masacre no empezó ni acabó en las fechas de ingreso de los paramilitares a ese corregimiento, sino que se extiende en el tiempo junto con otras masacres cometidas como parte de la ruta paramilitar en el camino hacia El Salado. Indudablemente, la puesta en evidencia de las narrativas de las víctimas constituye un aporte fundamental en su dignificación y en el reconocimiento de su voz y su memoria. Tal como señala el informe (2009: 138), "la memoria de las víctimas interpela la versión de los victimarios que se convirtió para las víctimas en una prolongación de la masacre". Al hacer pública la memoria de las víctimas, logra trazar una ruptura con los patrones de victimización y revictimización que circularon a través de los medios de comunicación y que circulan aún en las audiencias de justicia y paz. La voz de la víctima opera ahora con la posibilidad de confrontar e interpelar a quienes por años nombraron la masacre como una acción contra la guerrilla. La voz de la víctima, tal como se puso en evidencia en la presentación del informe en Bogotá, tiene la posibilidad también de interpelar las versiones del vicepresidente que señalan que las víctimas de El Salado ya han sido reparadas porque sus voces son escuchadas. Con todo, no deja de ser paradójico que el vicepresidente tenga ese lugar de enunciación, pues de la Vicepresidencia depende el GMH y es el Estado uno de los interpelados en las recomendaciones del informe. Uno de los investigadores del GMH señala:

> Eso es lo que es fatal de Memoria Histórica: tiene que sentar al vicepresidente a la mesa en el lanzamiento de los informes, porque el vicepresidente es quien ha apoyado al grupo y a la CNRR, pero obviamente el vicepresidente tiene una imagen muy complicada ante el país. Por eso, a las víctimas les molesta mucho esa representación —o presentación, más que representación— oficial ahí del señor presente en el lanzamiento de los informes. Por eso digo que sería ideal que el grupo no tuviera ningún vínculo con el Estado, pero desgraciadamente nació de esa forma, y tiene ese vínculo, y desgraciadamente hay que hacer concesiones. [Entrevista a M. V. U., 2010].

Sin embargo, el proceso de reivindicación, dignificación y reconocimiento de las voces y memorias de las víctimas queda incompleto si esas voces no resuenan en los aparatos judiciales para adelantar las investigaciones correspondientes y para tomar medidas concernientes a la reparación integral de las víctimas, y si esas memorias quedan en el limbo cuando recuerdan con claridad la responsabilidad del Estado colombiano y de las fuerzas militares por la realización de esta masacre. De allí que los efectos sociales de hacer público el testimonio de las víctimas no puede reducirse a la inversión de la empresa privada en la reconstrucción de un municipio y en la puesta en práctica de acciones de responsabilidad social empresarial.[26] Si la puesta en circulación

---

[26] Como recuerda el informe: "La masacre de El Salado cuestiona no solo la omisión, sino la acción del Estado. Omisión con el desarrollo de los hechos, porque no se puede entender cómo la fuerza pública no pudo prevenir ni neutralizar la acción paramilitar. Una masacre que duró cinco días y que contó con la presen-

de la memoria de las víctimas se conforma con el ejercicio catártico, poco importa en realidad si lo que dice pone en cuestión la legitimidad del Estado o si pone en evidencia las estrategias de sangre y fuego que permitieron el desarrollo de grandes capitales o aun si revelan los vínculos entre fuerzas militares y grupos criminales. Si bien la memoria tiene un componente ético, vinculado con la importancia de escuchar la voz de las víctimas, ello no va en contravía de sus efectos políticos.[27]

Marcela Duarte, coordinadora del Proyecto Colombia Nunca Más, del Movice, señala cómo la memoria en el movimiento de víctimas tiene ese doble componente que, aunque se diferencia

---

cia de 450 paramilitares, de los cuales solo fueron capturados 15 una semana después de que acabó la masacre. Más grave aún es que los paramilitares hayan asesinado cinco personas más el 21 de febrero, cuando la Infantería de Marina hacía presencia en el pueblo desde el 19 de febrero. También debe interpelarse éticamente que un territorio haya quedado sin protección militar por un operativo para recuperar un ganado robado, hecho inadmisible porque la Infantería de Marina no puede asumir una competencia policiva en un contexto de guerra sin apoyo ni coordinación con la Policía Nacional. Pero no se trata solo de aquella fuerza: MH considera que es necesario interpelar éticamente al Estado en su responsabilidad por su permisividad ante la derivación de las Convivir en brazos del paramilitarismo, y la cooptación regional del Estado a partir del vínculo orgánico entre élites regionales y grupos paramilitares" (CNRR, 2009: 254-255). Sin embargo, las acciones en las que se concentró la discusión mediática fueron las del proceso de reconstrucción del municipio; es decir, la promesa incumplida del vicepresidente Francisco Santos. La campaña de reconstrucción de El Salado, que incluía las pulseras o manillas de la reconciliación, fue liderada por la Fundación Semana, y cuenta con el apoyo, entre otros de la Fundación Carvajal, Carulla, Fundación Éxito y Coltabaco, la Comisión Nacional de Reparación y Reconciliación, la Organización Internacional para las Migraciones y la Fundación Red de Desarrollo y Paz de los Montes de María. La información sobre la campaña se puede consultar en http://www.ytuqueestashaciendoporcolombia.com/. Como se puede notar, el 'espíritu' de la campaña no solo encarna la lógica de la responsabilidad social empresarial, sino también la de un escenario posconflicto, algo que se constata además en la noción misma de las 'pulseras de la reconciliación'. Al final se deja de lado la discusión sobre la responsabilidad del Estado tanto en los hechos ocurridos como la que le atañe en los procesos de reparación".

27   El límite en lo que respecta a hacer públicos los testimonios de violencia, en particular de violencia sexual, y los dilemas ético-políticos que esto entraña, así como los límites a la escucha, son analizados por el GMH en el informe de Bahía Portete (CNRR, 2010).

profundamente de la verdad judicial, tiene también una potencia política y social:

> Cada vez tiene un efecto más ético [...] La verdad judicial no es la verdad real [...] La estrategia jurídica es muy compleja y no es la verdad real. Siempre ha sido una apuesta ética por humanizar un poco a la sociedad colombiana, generar una cultura en la que torturar, violar y desaparecer no sea algo que se piense siquiera como una opción, sino que la gente tenga límites éticos. En ese sentido, es una apuesta muy pedagógica, de construcción de cultura de los derechos humanos, en que la memoria es un elemento fundamental para que las culturas se reconozcan en eso que hicieron, y lo rechacen. Esa es la opción. Aunque hay otra opción, que es política, consistente en demostrar cómo el Estado colombiano, y todo el proceso social, político y económico, se ha montado sobre la masacre. Entonces, hay que evidenciar esa maquinaria que fue pensada y montada, que no fue espontanea ni surgió porque la gente estaba loca y le dio por matar ni porque somos muy violentos. Es una maquinaria de guerra pensada para eliminar a ciertos grupos, y la conducen quienes están montados en el poder. Esa es una verdad que no la ha expuesto la CNRR, sino el movimiento de derechos humanos, que sacaba informes, decía, jodía y nadie le creía, y no solo eso, sino que además a la gente del movimiento la acusaban de guerrillera. [...] Ahora la CNRR lo puede decir, pero si se revisan documentos del movimiento de derechos humanos, queda claro que lo viene diciendo desde hace tiempo. [Entrevista a Marcela Duarte (en adelante, M. D.), 2010].

Para el representante a la cámara Iván Cepeda el problema no está en revelar el hecho en sí mismo, sino en la interpretación de las causas y las responsabilidades de los hechos:

> Hoy ya está el debate en otro nivel; es decir, ya es difícil negar las masacres, la desaparición forzada, los crímenes de Estado, la existencia del paramilitarismo, o que agentes estatales han estado involucrados con ellos. Eso ya hoy se encuentra en un nivel que, si

bien se presta todavía a debate, es ya difícil de negar: una persona medianamente informada y sensata no va a comenzar la discusión sobre si en el Palacio de Justicia hubo o no desaparecidos. Son hechos que ya se han venido destacando. Entonces, el hecho de que haya informes sobre masacres, sobre asesinatos que han marcado hitos en la historia del país, es un avance. Ahora la discusión se centra más en términos interpretativos, sobre cuáles fueron las causas que justifican o no los hechos, por qué y cómo actuaron los miembros de la fuerza pública, por qué y cómo actuaron los grupos guerrilleros, si estos son hechos atribuibles solamente al conflicto armado o si hay lógicas económicas y políticas detrás... Todo eso está en debate, y en eso el grupo de Memoria Histórica tiene carencias. [Entrevista a I. C., 2010].

Al igual que cuando las confesiones de los paramilitares se tornan incómodas al revelar información sobre sus vínculos con políticos y empresarios, algo de la voz de la víctima puede perderse en medio del proceso de hacerse pública. Considerar como vital la presentación pública de los testimonios, y a veces como lo suficiente o lo indispensable para las narrativas de la reconciliación nacional —y no necesariamente para las de justicia— es común en la retórica de las comisiones de la verdad (Wilson, 2004). Tal como señala Martha Minow (1998: 61):

> La hipótesis de trabajo es que con el ofrecimiento público de los testimonios de las víctimas y los victimarios, se constituyen posibilidades de sanación para los individuos y para la nación como un todo, como un cuerpo político. Las comisiones terminan por hacer eco de los supuestos de la psicoterapia, o de las prácticas religiosas deduciendo que decir y escuchar la verdad es sanar.

En este sentido, siguen el axioma fundamental de la *transitional justice* en sus principios de verdad, reconciliación y perdón como meta de la nueva comunidad nacional (Battle, 1997).

Ahora bien, el problema no estriba en la sobrevaloración de la presentación pública de los testimonios *per se*, sino en que en ciertos casos dicha presentación se convierte en un fin en sí mismo, con lo que los contenidos de los testimonios o las memorias pueden quedar vaciados de sentido. Así por ejemplo, la campaña de las pulseras de la reconciliación impulsada desde la emisora La W no discutía los factores que hicieron posible la masacre, ni se preguntaba cómo era posible que durante diez años se impusiera en la opinión pública y circulara en los medios la versión de que la masacre había sido un enfrentamiento entre guerrilla y paramilitares, o que las personas asesinadas eran guerrilleros. Aunque este punto había sido subrayado con más vehemencia en el informe del GMH, no era lo que los medios reseñaban. Del mismo modo, en muchos casos la memoria de las víctimas puede señalar información vital para el avance en la construcción de la verdad judicial, pero si la escucha pública no tiene resonancia ni efectos en estos ámbitos, se puede continuar en el sostenimiento de la impunidad. Incluso, lo más problemático es que, interpretada desde la concepción de que se está en un contexto de posconflicto y reconciliación, y al igual que lo señalaba el vicepresidente, la presentación pública de esos testimonios y memorias puede administrarse y presentarse como una reparación efectiva: ya se ha hecho "lo justo" con las víctimas y ya se puede pasar la página. En últimas, no importaría si las víctimas denunciaran el abandono por parte del Estado o si dieran cuenta de su responsabilidad en una masacre; lo que importa es crear un escenario para que ellas puedan hablar. Sobre este tipo de criterios se gesta un proceso de selección de víctimas y testimonios que serían acordes con los propósitos estatales y estarían en sintonía con una narrativa de reconciliación, para relegar aquellos que generan disonancias en su persistencia por la verdad o la justicia, o en sus "revelaciones" sobre la impunidad.

De esta manera, si bien se pueden recolectar los testimonios, dar relevancia pública a la memoria de las víctimas y presentar informes contundentes, si no se adoptan medidas de reparación, si los victimarios siguen justificando sus crímenes y continúan amenazando y asesinando a las víctimas y a sus familiares, si no hay caminos conducentes a la investigación judicial efectiva, la voz de las víctimas solo operaría como legitimadora, y se vería reducida a una función meramente ilustrativa.

Es aquí donde se pone en evidencia que las acciones desarrolladas por las comisiones de la verdad y la memoria operan también —deseándolo o no— en la definición de una lectura sobre el pasado, que es a la vez una lectura sobre el futuro. Definir cuándo comienzan y terminan los hechos de violencia, o cuándo termina el conflicto o la guerra, quiénes son las víctimas, cuáles son los hechos que se deben estudiar, e incluso establecer el nivel de profundidad que se está dispuesto a asumir en las investigaciones sobre "la verdad", supone una definición estratégica para los gobiernos que incorporan prácticas o discursos acerca de lo transicional. Aunque son la movilización social y la presión de las víctimas las que impulsan muchos de estos procesos, no se puede desconocer que las elecciones y definiciones de las lecturas que se hacen del pasado tienen que ver necesariamente con cómo se piensa la pretendida transición de la nación. Esta lectura sobre el pasado y el futuro supone un proceso de traducción de los testimonios y memorias de las víctimas a narrativas nacionales, a interpretaciones sobre los orígenes de la violencia y sobre los actores del conflicto.

En el análisis realizado por Saunders (2008) sobre el trabajo adelantado por la Comisión Sudafricana de Verdad y Reconciliación (CSVR) se muestra cómo el proceso de traducción "de las narrativas crudas y fracturadas de las víctimas sobre el daño, al lenguaje austero de los derechos" (2008: 54) se originó en un proceso de selección de testimonios que generó gran decepción en las víctimas. Así, las audiencias que propició la CSVR, si bien propugnaron por generar cierto impacto pedagógico y catártico, se mantuvieron en un plano expresivo que no operó una real transformación, y no tuvieron injerencia en los procedimientos de reparación de las víctimas:

> Aunque [las] audiencias realizaron ciertas tareas pedagógicas y catárticas, se mantuvieron en el plano expresivo y funcionaron [...] como una especie de "cortina de una ventana emocional": las audiencias no fueron estructuralmente transformadoras, pues

tuvieron escasa influencia en los procedimientos de reparación, en el proceso de amnistía y en la subsiguiente política nacional. Las responsabilidades más graves, por el contrario, fueron confiadas al lenguaje de los derechos humanos. [Saunders, 2008: 55].

De igual forma, la CSVR terminó constituyendo un espacio diferencial entre víctimas y victimarios. Mientras para las víctimas se construyó un espacio para que pudieran compartir su historia y su memoria con toda la nación, el espacio jurídico se concibió como el privilegio de los victimarios. Las víctimas debían así conformarse con ese espacio para compartir. Adicionalmente, la CSVR terminó por seleccionar tan solo un grupo de testimonios que consideró simbólicos o paradigmáticos para las audiencias públicas, y desintegró, además, la experiencia individual de los testimonios en fragmentos seleccionados bajo los estándares de los derechos humanos y con los fines de reconciliación de la nación:

Aparte de la traducción al discurso de los derechos humanos (y de múltiples idiomas al inglés), los testimonios de las víctimas ante la CVR sufrieron otra nueva serie de selecciones y transformaciones: solo se seleccionó a una fracción de los testimonios —en general, los correspondientes a los casos de más alto perfil o "simbólicos"— para las audiencias públicas (8 %, aproximadamente); solo se eligieron ciertos pedidos "calificados" del Comité de Violaciones a los Derechos Humanos para que fueran pasados al Comité de Reparaciones; y, en el *Informe final*, se extrajeron apenas algunos pasajes de los testimonios para ser usados como ejemplos de un *tipo* de violación a los derechos humanos (detención, deportación, tortura, muerte en custodia, etc.). Esta sucesión de traducciones significó que la mayoría de los testimonios no tuviera difusión pública, que se seleccionaran algunas voces y temas y no otros para ser dados a publicidad, y que las experiencias individuales con frecuencia se desintegraran en fragmentos de evidencia aparentemente no relacionados, extraídos de entre la maraña del ámbito local para ser rearticulados en el contexto controlado y limpio de los estándares abstractos de derechos humanos. [Saunders, 2008: 56].

En este proceso de escucha se gestó una dedicada selección que hizo que muchas de las voces, memorias y testimonios no fuesen considerados, por no ajustarse al esquema de representación que se estaba diseñando, ni a las narrativas necesarias para la "sanación de la nación" (Mamdani, 1997). Visto desde otro ángulo, el discurso nacional de la CSVR habría ampliado su concepción sobre el daño producido por la violencia y habría reconocido que más allá del sufrimiento de cada víctima estaba el daño social. Reconociendo el sufrimiento colectivo y las dinámicas históricas, sociales y políticas que habrían producido y sostenido la violencia (colonialismo, racismo y *apartheid*) la CSVR habría ido más allá de la recuperación emocional de cada individuo y habría considerado las "causas estructurales".[28] Ahora bien, la implementación de una retórica que remitía a la idea de un trauma social o al daño colectivo no fue precisamente un punto de consideración para la reparación de las víctimas, sino una justificación para diluir en las responsabilidades colectivas y etéreas las causas de la violencia. No porque el colonialismo, el *apartheid* o el racismo fueran etéreos, sino porque apelar a ellos constituía una manera de desdibujar el rostro de los victimarios y diluirlo en algo más general y colectivo (Aranguren, 2010a).

En esta dinámica de selección, muchos relatos de las víctimas cobrarían un carácter marginal, pero al mismo tiempo insubordinado,[29] en la medida en que pondrían en tensión el

---

[28] Retomando así lo planteado por Frantz Fanon en *Piel negra, máscaras blancas* (1973).

[29] Saunders retoma el planteamiento de Ewick y Silbey (1995) para ilustrar cómo estos relatos se gestan como relatos subversivos, en la medida en que "no agregan a lo general, no recolectan particularidades como ejemplos de un fenómeno o regla común", y "recuentan experiencias particulares como enraizadas en y como parte de un mundo cultural, material y político abarcativo que se extiende más allá de lo local", y cómo se constituyen en contraste con aquellas narrativas que pueden ser útiles para los relatos hegemónicos, en la medida en que "no solo reproducen ideologías y relaciones de poder existentes, sino que además funcionan como mecanismos de control social, organizan la experiencia en una ideología coherente que resiste desafíos y "ocultan la organización social de su propia producción y plausibilidad" (Saunders, 2008: 62).

marco de esta representatividad y la lógica de esta supuesta nueva narrativa nacional. Este proceso de diferenciación supone una vez más una lectura de la historia y del pasado. De allí que el tipo de casos que se seleccionan y la interpretación que se hace del pasado influyan de manera significativa en la definición de cómo debe gestarse un proceso transicional, quiénes podrán ser juzgados y quiénes reparados.

Las investigaciones emprendidas en torno a los impactos de la violencia política en América Latina han subrayado la importancia de reconocer el entramado histórico que subyace a las dinámicas de violencia en cada país y a los procesos de exclusión, marginación y pobreza de larga duración. Como se sabe, esta insistencia historiográfica apunta a enfocar los análisis sobre la violencia en un horizonte complejo e integral. La complejidad del enfoque de larga duración reside en el hecho de que la mirada histórica tiende a extenderse hasta los tiempos de la Conquista y la Colonia de América, hecho que si bien tiende a aceptarse y comprenderse, es pronto abortado o acaba diluido en los procesos de investigación. De allí que se generen manifiestos a favor de una mirada histórica, pero pocas investigaciones asuman este reto. En parte, la mirada de larga duración sobre la violencia en varios países latinoamericanos se diluye en anacronismos o en el acotamiento de los períodos de estudio; ello permite hablar, como en el caso colombiano de la "violencia política", del "período conocido como la Violencia", de la "violencia reciente", de la "violencia paramilitar" o de la "violencia estatal", en una línea del tiempo bien delimitada.[30]

---

[30] El Plan del Área de Memoria Histórica de la CNRR señala que "En Colombia la fecha de iniciación del conflicto armado interno constituye un objeto de enorme controversia, no solo académica, sino también política. ¿Desde cuándo comenzar? ¿Desde 1991, con el viraje institucional que indudablemente significó la Constitución, considerada como un tratado de paz con la insurgencia, o al menos con una parte importante de ella? ¿Desde el llamado holocausto del Palacio de Justicia, en 1985? ¿Desde 1964, con el surgimiento de la guerrilla contemporánea? ¿O desde 1948, punto de inflexión en la historia colombiana del siglo XX? Sea como sea, fechar el origen del conflicto colombiano es ya insinuar

La delimitación, sin embargo, no necesariamente debe entenderse como un desdibujamiento de las tramas históricas que se entrelazan en cada período, sino, por el contrario, como una posibilidad para situar una mirada que, por su vinculación con dichas tramas históricas, es mucho más que lo que se ve en su superficie. De allí que sea relevante propender por una mirada arqueológica, o genealógica, si se quiere, de la violencia en América Latina, no solo para trazar voluminosos proyectos de una historia de la violencia desde la Conquista hasta nuestros días, sino para comprender de qué manera esos "períodos de violencia" están articulados en complejas tramas en cuyo seno subyace un campo de posibilidad para desarrollar un abordaje integral, complejo e histórico.

Avanzar, pues, en intentos de comprensión de la complejidad de la violencia política contemporánea supone profundizar en ese entramado histórico. Ello implica desanudar *el entramado colonial que subyace al proyecto moderno* (Aranguren, 2009), por un lado, porque es indispensable entender el papel que juegan las estructuras de segregación y violencia en las formas en que se gestionan las relaciones de los victimarios con sus víctimas, y, por otro, porque es urgente analizar la pertinencia de una epistemología que se gestó de la mano con las tecnologías de exclusión, sometimiento y violencia para emprender la escucha de las víctimas. La relevancia de avanzar en una mirada de estas tramas históricas supone entrever, por un lado, la "paradoja" de un Estado que se presenta, a la vez, como perpetrador de las violaciones y como garante de los derechos de los ciudadanos, y por otro, la contradicción que tiende a emerger en el momento en que la epistemología que guía el *reconocimiento* de la heterogeneidad de las víctimas se fundamenta en principios de *inclusión/exclusión*, propios de la definición del anhelo de homogeneidad (supresión de la diferencia) de ese mismo Estado (Aranguren, 2010b).

---

responsabilidades, es definir inclusiones y exclusiones. Es dar ya una primera batalla por la memoria" (CNRR, 2007c: 2).

Puesto así, los hechos de violencia no se presentan como irrastreables e indiscernibles, ni como la antítesis del proyecto civilizatorio, mucho menos en contravía de los anhelos de progreso, orden y seguridad de una sociedad, sino como su contracara, incluso como lo que hace posible la realización de los anhelos del proyecto de construcción de nación. Así, en América Latina las modalidades de represión política de las décadas de los setenta y ochenta llevaron al límite las formas de constitución de subjetividad, pues situaron a la humanidad en los bordes; cuerpos puestos al límite de su resistencia en la tortura o en los márgenes de lo ontológico mediante la desaparición forzada dan cuenta de las fronteras de humanidad que se traspasaron bajo los órdenes autoritarios y totalizadores. Esta forma de ordenamiento social situó lo diferente como constitutivo de peligro inminente o latente y dispuso toda su fuerza para conjurar la diferencia en una realidad única y total (Calveiro, 2006: 88). Se apuntaba a fracturar, desligar y desanudar aquellas formas de organización social que no eran coherentes con aquella unidad nacional que promulgaron tanto las formas dictatoriales como las democráticas en Latinoamérica (Aranguren, 2010c). Los proyectos de unidad nacional de la segunda mitad del siglo XX tuvieron como correlato fundacional las formas decimonónicas de ciudadanía que incluían solamente al hombre blanco, mayor de edad, católico, alfabetizado, propietario, heterosexual e ilustrado (González Stephan, 1996); autoritarismo, machismo, latifundismo, racismo y militarismo se exacerbaron en los proyectos autoritarios de la segunda mitad del siglo XX en América Latina para emprender la guerra total contra una amenaza permanente. Toda vez que

> [...] el acto fundamental de la sociedad es: codificar los flujos y tratar como enemigo lo que, con relación a ella, se presente como un flujo no codificable, porque [...] esto pone en cuestión toda la tierra, todo el cuerpo de esta sociedad. [Deleuze, 1997].

Esas cadenas de violencias, presentadas como algo espantoso, no se erigen como ajenas al proyecto civilizatorio, sino, por el

contrario, como parte de este. Así lo señala Gabriel Gatti a propósito de la desaparición forzada en el Cono Sur:

> [...] fue algo producto de sus propios logros, resultado del pro-
> fundo impulso civilizatorio y racionalizador de la cultura política
> de esta parte del mundo; efecto directo de la formación en el Río
> de la Plata de un peculiar, a veces protector y en ocasiones hasta
> eficaz, Estado social de derecho, un fenómeno derivado de los mis-
> teriosos resortes de la construcción de la homogeneidad cultural,
> étnica y hasta de clase en el Uruguay y en la Argentina; resultado
> de la peculiar y cuasi-unánime representación de la ciudadanía, la
> ley y el orden, de la formación de ese lugar simbólico, socialmen-
> te mágico, tremendamente eficaz, que es la fábula genuinamente
> americana de la clase media como lugar social generalizadamente
> compartido. [Gatti, 2008: 23].

Algo similar es indicado por Pilar Calveiro cuando dice que el
poder torturador y el aparato desaparecedor en Argentina

> [...] no eran flamantes, no constituyeron un invento. Arraigaban
> profundamente en la sociedad desde el siglo XIX, favoreciendo la
> desaparición de lo disfuncional, de lo incómodo, de lo conflictivo
> [...] un hijo legítimo pero incómodo que muestra una cara desa-
> gradable y exhibe las vergüenzas de la familia en todo desafiante.
> [Calveiro, 2006: 13].

De allí la importancia de reconocer las tramas de violencia
encubiertas en los ideales de democracia y ciudadanía, pues tras
sus velos están presentes las formas de segregación y exclusión
que permiten entender que en la violencia política contemporánea no solo circula una particular tecnología de violencia —una
tecnología de época—, sino un proceso de larga duración vinculado con las formas de construcción de la sociedad y el Estado.
Tal como subrayan Loveman y Lira (2002, 2004) a propósito de
la dictadura militar chilena,

Para comprender mejor cómo fue posible ese tipo de golpe de Estado y la represión política ejercida por el régimen, es necesario *recordar* cómo había sido la construcción del Estado chileno en el siglo XIX, y qué rol jugaron las guerras civiles. Los textos modernos de historia mencionan esas guerras civiles sin tomar en cuenta su impacto en la vida cotidiana. Tampoco se analiza la permanente intolerancia política, la represión de los grupos sociales pobres (es decir, el noventa por ciento de la población) y el racismo excluyente que caracterizaba al Chile republicano. Para entender el contexto que dio lugar a "los sucesos" de 1973-1990 no basta analizar la influencia de los acontecimientos inmediatos, como la Guerra Fría, la Revolución cubana, la contrainsurgencia, las consignas revolucionarias de los años 1969 y 1970. Es necesario conocer y reconocer la arquitectura y la cultura política autoritaria y represiva que ha configurado lo que ha sido y sigue siendo Chile. [Loveman & Lira, 2004: 186-187].

De allí que se entrevea, entonces, que la impunidad sobre la que se erige el proyecto moderno bien puede sostener la impunidad que acalla y silencia a las víctimas de los crímenes de los Estados. Esta idea, lejos de pretender diluir las responsabilidades particulares y achacárselas a una incierta entidad, tal como un "proyecto moderno", implica la posibilidad de pensar que las complejas tramas de violencias y silenciamientos que se han inscrito sobre los sujetos pretendiendo su borramiento, no podrán desanudarse sino bajo la puesta en evidencia y la fractura de esa lógica moderno/colonial. La racionalidad sobre la que se erige dicha lógica —su fuerza epistémica— tendrá que empezar a deconstruirse en conocimientos de otros modos que entren en resonancia con los cuerpos (Aranguren, 2009), las voces y las memorias de subjetividades puestas al límite de su existencia. Un anhelo de tal magnitud no podrá seguir sosteniéndose en el consenso como praxis política (Lechner & Güell, 2006); la democracia sorda, ciega y muda —la política sin sentido(s)— no podrá seguir acallando las voces bajas, marginales, en conflicto y sin sentido común (Foucault, 1992) que, empero, han resistido los embates de un proyecto que persiguió el exterminio de otras formas de saber, pensar y sentir. En el mismo sentido, habrá que fracturar el mantenimiento de un cientificismo según el cual las voces, las memorias y los cuerpos tienen que ser leídos a partir de una letra o una escritura, cuando han resistido a ella por medio de las prácticas cotidianas.

DE UN DOLOR A UN SABER: LOS LÍMITES DE LA REPRESENTACIÓN

En la construcción de narrativas "de otro modo" en torno a las experiencias de sufrimiento y violencia de las víctimas se puede trazar un camino a partir de una perspectiva fenomenológica que resitúa la experiencia de encuentro con el otro y analiza críticamente los procesos de tránsito de un *dolor a un saber* (Aranguren, 2010a) y una perspectiva ético-política que trasciende las prescripciones de una ciencia moderna sobre el distanciamiento (Lefranc, 2002) y sobre el lugar del investigador ante el dolor de los demás (Sontag, 2003; Aranguren, 2008).

El camino que puede recorrerse en dicha construcción implica entrever, en primer lugar, que aquello que se presupone como un acto liberador (la toma de la palabra, la recolección de memorias y testimonios) bien puede terminar en una nueva cadena de sujeciones, amarres o constreñimientos en el momento mismo en que el dolor del otro transita hacia la construcción de un saber.[31]

---

[31] Así se puede entender, por ejemplo, lo indicado por Saunders respecto al caso sudafricano: "Mientras las víctimas de las violaciones a los derechos humanos que participaron en la CVR apreciaron que se conociera la verdad, la oportunidad de decir su historia, y la posibilidad de confrontar a los victimarios, muchas de ellas también se sintieron retraumatizadas por la experiencia y sufrieron un 'significativo deterioro de su salud general física y psicológica después de testimoniar', [...] manifestaron que la CSVR había faltado a su promesa en cuanto a las reparaciones, que ello implicaba una 'falta de respeto, una pérdida de confianza, y explotación'; agregaron que se habían visto vulnerados al declarar públicamente, y que se sintieron defraudados porque sus palabras y sus experiencias habían sido apropiadas por la Comisión y por otros 'expertos' para otros propósitos; que con frecuencia los victimarios no decían la verdad y se mostraban arrogantes y no arrepentidos; y que la Comisión había contribuido a su trauma

En segundo lugar, supone profundizar en las condiciones de producción de las narrativas sobre el sufrimiento, teniendo presente que la palabra del sufriente no solo se gesta en virtud de ciertas condiciones individuales que le permitirían "elaborar" lo sucedido, sino también en razón de las disposiciones sociales a escuchar esa voz, incluso en formas que no se ajustan necesariamente a las estructuras narrativas legitimadas por los campos disciplinares. En tercer lugar, conlleva descentrar el lugar del juez y del experto en el que tiende a situarse ese otro de la escucha y que hace que la voz del sufriente sea valorada en el esquema de la verdad jurídica o la verdad procesal, o que se usen eufemismos para nombrar, con criterios de imparcialidad o neutralidad, al victimario o los hechos violentos. Y en cuarto lugar, convoca a una reconfiguración del esquema de representatividad y emblematicidad que guían los emprendimientos de recolección de testimonios, teniendo presente el límite ético que se traspasa en el anhelo de "dar voz a" y "hablar en nombre de" otro.

En este sentido, la experiencia de encuentro con la voz del sufriente puede poner en tensión el marco epistémico que las ciencias de lo "psi-" han constituido alrededor de la narración como acto liberador. Esta tensión no significa que la puesta en palabras de las experiencias de dolor y sufrimiento sea imposible, inadecuada o potencialmente opresiva, o que la recolección de memorias y testimonios sea éticamente inaceptable, sino que en muchos casos una y otra siguen ancladas a principios como la justa distancia o la neutralidad axiológica. En el momento en que se desconoce la invisibilización, segregación y exclusión que connota la selección de unos casos por encima de otros, es decir, cuando se construyen narrativas nacionales acerca de "*un pasado violento*" sobre la base de la selección de unos hechos y no de otros, el acto liberador sobre el que se supone se cimienta el trabajo de la memoria bien puede quedar diluido en retóricas que anulan la pertinencia de otras voces o que, incluso, en

---

al no proporcionarles información de seguimiento en sus casos o servicios de apoyo psicológico después de sus testimonios" (Saunders, 2008: 61- 62).

ese proceso de selección, al dejarlas al margen, las convierte en potencialmente nocivas para la integridad y la paz de la nación (Aranguren, 2010b).

Como se verá, en muchos casos la voz de las víctimas emergerá como una de esas voces impertinentes en virtud de que puede llegar a poner en evidencia la contracara del proyecto civilizador, o el envés represor, criminal y genocida del Estado. Ello supone, al mismo tiempo, reconocer tanto los límites éticos de las narrativas, como el lugar del "otro-de-la-escucha", como sujeto, en el proceso de tránsito de un dolor a un saber.

El tránsito de una experiencia de violencia y sufrimiento —que en sí misma está cargada de emocionalidad, de vacíos, silencios y vacilaciones— a un documento público[32] —que busca develar el sentido de la violencia, hacer comprensibles las condiciones que la generaron o simplemente divulgar una serie de hechos para su conocimiento público— permite situar varias problemáticas que remiten igualmente a las formas en que se relaciona el testimoniante con las condiciones sociales de su escucha.[33]

---

[32] Transformar las voces del dolor en escrituras y narrativas traza, entonces, el camino que va de una experiencia de encuentro con el "otro" a la construcción de un saber. Este tránsito, en lo que respecta a la práctica etnográfica, es analizado por Michel de Certeau en *La escritura de la historia* (1993), particularmente en el capítulo V, "Etno-grafía. La oralidad o el espacio del otro: Léry", así como en el capítulo X de *La invención de lo cotidiano* (2007), denominado "La economía escrituraria". Los planteamientos de De Certeau pueden ser articulados a un análisis acerca de lo que se pierde, se sacrifica y se transforma en el paso que va de una experiencia, un cuerpo y una voz, a una escritura, un libro o un saber. Los planteamientos de Jack Goody son útiles para realizar este contraste, ya que si bien se ocupa de las consecuencias de las prácticas escriturales de la antropología en comunidades ágrafas, bien pueden ser pertinentes para pensar las implicaciones de la escritura en las memorias de la violencia y el sufrimiento. Otras perspectivas de análisis sobre la escritura etnográfica se encuentran principalmente en Clifford y Marcus (1991); Marcus y Cushman, (2003) y en Clifford Geertz (1989). En los trabajos antropológicos más recientes se reactualiza el debate en relación con aspectos éticos y políticos, y sus perspectivas teóricas abogan por una relectura de la fenomenología, con particular énfasis en la filosofía de Merleau-Ponty. En relación con esta línea teórica se destacan los trabajos de Kleinman y Kleinman (1996) y el trabajo de Michael Jackson (1998).

[33] En particular, en relación con el sufrimiento, muchos trabajos han aportado una discusión que retoma no solo la línea de Merleau Ponty, sino también la de

En primer lugar, sitúa el problema del marco epistémico que guía la escucha en contextos que han padecido la marginación, el destierro, la exclusión, el genocidio y la colonización. Tal como se ha señalado hasta aquí, del reconocimiento de que las condiciones de producción de la *episteme* moderna están anudadas a las condiciones de producción de la violencia surge necesariamente el interrogante sobre si los criterios racionales que guiaron los procesos de colonización y exterminio del otro, y que se sostienen en lógicas de inclusión/exclusión, siguen siendo válidos para establecer ahora los marcos para su escucha o su reivindicación.

Es importante trazar el problema que significa apelar a la selección de casos y testimonios como recurso para dar cuenta de diferentes contextos de violencia sin tener que recurrir a todas las víctimas o sin tener que describir todos los hechos de violencia. Aunque este problema va de la mano con un tema recurrente en los estudios sobre la violencia concentracionaria, vinculado con los límites de la representación, ya desde el debate de los historiadores propuesto por Friedlander en 1992 (2007), e incluso antes, en el debate generado por la lapidaria frase de Adorno que indicaba que no era posible la poesía después de Auschwitz, quedó demostrado que es importante que este tema sea considerado, no solo por lo que supone encontrar símbolos o significantes que den cuenta de la violencia, sino también por lo que implica que otro asuma el sentido de sí o la palabra propia. Es decir, la representación en la lógica asumida por la política y la democracia, la representación entendida como delegación.

Un análisis crítico de las diferencias entre representación como "hablar a favor de", como en la política, y representación como "re-presentación", como en arte o en filosofía, es considerado

Emanuel Levinas. En relación con los aspectos éticos de la investigación sobre violencia y sufrimiento, Veena Das ha desarrollado una exposición muy amplia al respecto situando la necesidad de que el quehacer del investigador se sitúe en lo cotidiano como aporte para ayudar a redimir los dolores del sufriente (2007, 2008). Por su parte, la incorporación de los planteamientos de Levinas ha derivado en una profunda reflexión sobre las éticas de la responsabilidad y del contacto, tal como lo desarrollan Reyes Mate (2003) y Alberto Sucasas (2003).

por Gayatri Spivak en su clásico texto de 1988 "¿Puede hablar el subalterno?" (2003: 308-310). Allí Spivak señala cómo, si bien estos dos significados están relacionados entre sí, son irreductiblemente discontinuos. En el revelamiento de esta discontinuidad encubierta se puede comprender, según Spivak, que la representación de los subalternos efectuada por los intelectuales no es en realidad sino una re-presentación de dichos intelectuales como transparentes (2003: 309). El problema trazado por Spivak permite pensar, así, en que los límites de la representación también deben considerarse en lo que supone *hablar en nombre de* otro.

El uso de casos emblemáticos y de testimonios representativos en las comisiones de memoria o verdad, en los trabajos académicos o en las indagaciones jurídicas, tiene como trasfondo la idea recurrente, en las ciencias sociales, de que es posible realizar una "muestra representativa". Sin embargo, este concepto, como bien ha señalado Michael Pollak —y como recordaba con vehemencia Primo Levi—, se ve fracturado cuando la muestra que se pretende considerar son las víctimas de la violencia y el horror. Michael Pollak indicaba que un escenario como la experiencia concentracionaria resiste toda tentativa de obtener una representatividad estadística, pues la no supervivencia física del testigo traza una serie de problemas muy profundos para la investigación. Al no tener nada que ver con el muestreo, sino con las características del objeto —individuos llevados al exterminio—, el problema se torna ético y no científico:

> [...] nos sobresaltamos, por supuesto, ante el cinismo de esas concepciones, cuyo carácter psicológico o moralmente inaceptable culmina con el empleo del término "selección", utilizado aquí en el registro de la técnica del muestreo mientras que se está igualmente autorizado a leerlo en el contexto de una empresa genocida y de asesinato a gran escala. [Pollak, 2006: 58].

Y es que para Pollak no es solo la supervivencia física lo que limita la idea de *muestra representativa*: es también la supervivencia psíquica y moral del testigo, la que, por las condiciones de violencia, puede *afectar* dicha muestra. En este sentido, la formulación de un proceso de muestreo y selección se torna problemático, pues no hace sino, en palabras de Norbert Elías, "imponer el distanciamiento, allí donde el objeto de estudio llama espontáneamente a una extrema implicación" (Elías, citado por Pollak, 2006: 58). Esta característica propia de los emprendimientos científicos es, en opinión de Pollak, una constante en las ciencias sociales y humanas: producir frío allí donde sopla lo caliente, tomar una prudente distancia de algo que grita "esto nos insta".

Entender el problema de la representación supondría entonces considerar que en situaciones de violencia, horror y exterminio no es posible que exista alguien que, en sentido estricto, pueda hablar en nombre de otro. Ello queda en evidencia en la angustia de Levi en sus escritos de 1958 (2005) o en Semprún (1998) frente a la imposibilidad de testimoniar por el sufrimiento del otro y en el peso que significa ser un sobreviviente allí donde se supondría la muerte. Pero también en lo que implica la presentación pública de los testimonios en un documento o en un informe que pretendería *dar voz* a los que *no la tienen*. En el primer caso, la tensión se pondría en evidencia en el proceso de selección de testimonios representativos o casos emblemáticos, pues allí estaría tanto la angustia de las víctimas que vendrían a asumir el rol de representar el dolor de los demás —y la imposibilidad para lograrlo—, como la marginación del testimonio de otras víctimas que no solo buscarían hacer público su dolor, sino que estarían también anhelando procesos de reparación. Por su parte, en el segundo caso, el dilema que se traza estaría en el fondo mismo de la producción de conocimiento y plantearía la necesidad de empezar a cuestionar el rol del juez, del intelectual y del experto que vendrían a autorizar la voz del otro. Con todo, ambos casos harían referencia a un problema más general: ¿Con qué criterios se establece la selección de testimonios representativos o casos emblemáticos? ¿Quién determina que un testimonio o un caso pueden representar o ser emblema de otro?

En la Comisión Sudafricana de Verdad y Reconciliación el proceso de selección de testimonios terminó por generar un profundo sentimiento de frustración entre las víctimas que, habiendo dado su testimonio, no quedaron entre los casos seleccionados. A su vez, tal como subraya Saunders, las víctimas, aún en contra de sus propias declaraciones personales, devinieron, luego del testimonio, sujetos funcionales para un proyecto político: "sujetos legales autónomos, estrictamente racionales y posicionados como iguales" (Saunders, 2008: 60).

Por su parte, en Colombia el grupo de Memoria Histórica de la CNRR optó por la selección de casos emblemáticos, es decir, por elegir, de entre la multiplicidad de hechos de violencia, algunos que, en criterio de los investigadores, tenían la *fuerza explicativa* para hacer entender las dinámicas de la violencia en Colombia:

> Lo que se pretende con la metodología de los casos emblemáticos es que ilustren procesos o dinámicas nacionales que permitan explicar las causalidades de la violencia. Estos no son necesariamente eventos o situaciones conocidos, son lugares de condensación de procesos múltiples que se distinguen no solo por la naturaleza de los hechos, sino también por su fuerza explicativa. Lo que se busca con el caso emblemático es producir una memoria histórica anclada en eventos o situaciones concretas. [CNRR, 2007b].

La elección de los casos obedece aquí a criterios situados del lado de la investigación académica, a criterios, si se quiere, estrictamente metodológicos, considerados por su capacidad ilustrativa y argumentativa: "Se espera que no solo ilustren, sino que permitan explicar las causalidades, los mecanismos y los impactos de la violencia" (CNRR, 2007b), y no tanto con el ánimo del reconocimiento de las víctimas o de los casos por sí mismos. Supone también una definición metodológica ante la cantidad de los hechos de violencia y ante la complejidad de formular una eventual periodicidad, tal como lo expresa una de las investigadoras del grupo:

—*¿Por qué Memoria Histórica opta por casos emblemáticos?*
—Simplemente porque es imposible abarcar todo lo que ha pasado en Colombia. Es decir, en las discusiones iniciales se decía: ¿Desde

cuándo vamos a analizar? ¿Desde el 48, cuando mataron a Gaitán, o desde el 64, cuando surgieron los grupos guerrilleros y ocurrió la operación Marquetalia, o desde el 85, con la toma del Palacio de Justicia, o desde cuándo? Como no tenemos esa acotación que tienen las comisiones de la verdad, entonces optamos por no pensar en las fechas. Así pues, estamos reconstruyendo hechos de las últimas dos décadas. Y nos vimos en la necesidad de escoger casos emblemáticos porque el volumen de lo que ha pasado en este país es monstruoso: en cuarenta años de estudio no acabaríamos de mirar todo. Entonces dijimos: "Escojamos casos emblemáticos que permitan ilustrar ciertos procesos". O sea, el caso sirve no por el caso en sí mismo. Por ejemplo, La Rochela es interesante por lo que sucedió allí —la masacre en sí misma es importante—, pero lo interesante de ese caso es que es emblemático, pues muestra cómo la guerra en Colombia ha tenido como una de sus víctimas centrales a los operadores de justicia. Lo que pasó en Bojayá en sí mismo es muy significativo, pero al mismo tiempo es un ejemplo de lo que le ha pasado a la población afrocolombiana, que ha estado sometida a la guerra de manera recurrente. [Entrevista a M. V. U., 2010].

Uno de los criterios que guían la elección de los casos emblemáticos y las líneas transversales (género, tierras, etc.) responde a una necesidad de acotar el escenario de análisis y de intentar responder a la "diversidad" de víctimas y a la "variedad" de hechos de violencia. Asimismo, es determinante la consecución de recursos para la realización de cada informe[34] y la disposición de las víctimas a participar en su elaboración.[35] En el caso de La Rochela, la elección obedeció a la solicitud que había efectuado

---

[34] Cada uno de los informes se realizó con el apoyo económico de organizaciones internacionales, o bien de instituciones estatales.

[35] Diferentes víctimas expresaron su rechazo a la propuesta de la CNRR y del GMH de trabajar con ellos para la elaboración de los informes. Un caso destacado es el de la Asociación de Zonas Humanitarias y Zonas de Biodiversidad de Jiguamiandó y Curvaradó, que enviaron una carta al presidente de la CNRR expresando su rechazo ante el interés de la Comisión de adelantar un trabajo de investigación sobre memoria en dichas zonas.

la Corte Interamericana de Derechos Humanos y la Corte Suprema de Justicia (CNRR, 2010). Estos criterios revelan que si bien el GMH persigue intereses encaminados a favorecer la dignificación de la memoria de las víctimas, este objetivo está atravesado por factores metodológicos, presupuestales y políticos que definen los alcances y los límites de los informes. La existencia de estos factores pone en evidencia, por ejemplo, las dificultades que tuvo el GMH para realizar acuerdos con varias de las organizaciones que hacen parte del Movimiento de Víctimas de Crímenes de Estado (Movice). Si bien algunos de los informes se realizaron en virtud del trabajo realizado por el GMH con organizaciones vinculadas a los capítulos regionales del Movice, como en el caso de Trujillo con la Asociación de Familiares de Víctimas de Trujillo (Afavit), o a partir de la información compartida por el Colectivo de Abogados José Alvear Restrepo o la Comisión Colombiana de Juristas, que realizan acompañamiento permanente al Movice, el proceso de diálogo entre este movimiento de víctimas y Memoria Histórica ha sido tenso y crítico, y ha generado distanciamientos significativos.

Además, el Movice, que venía desarrollando una iniciativa propia sobre memoria —el Proyecto Colombia Nunca Más—, consideraba la necesidad de que los procesos de construcción de memoria establecieran también mecanismos para el reconocimiento de las estructuras de responsabilidad y los mecanismos de impunidad. Marcela Duarte, una de las personas que en los últimos años han estado a cargo de coordinar el Proyecto, señala cómo ese proceso de construcción constante, gestado mucho antes de que en Colombia se hablara institucionalmente de la memoria de las víctimas, implicó una articulación entre el movimiento social, las víctimas y las iniciativas de investigación, lo cual supuso a su vez que las denuncias cobraran otro sentido:

> En el Proyecto siempre se han dado discusiones, que puedes encontrar en papeles viejos, sobre la relación entre la investigación y el movimiento social, y sobre las funciones que hay en esos dos espacios. Hay documentos en los que se encuentran referencias a la

necesidad de que se divida la investigación del movimiento social, porque tal como estaba no había objetividad, porque la realidad tenía otros ritmos… Y lo escribían en actas de reuniones en las que siempre era constante esa inquietud.

Lo que pasa es que en el Proyecto rota la gente. Creo que soy la que más ha durado después del año 2000: ya estamos en el 2010, y llevo ya 10 años allí, y eso me ha permitido entender un poco esa evolución… Hubo un momento en que se planteó esa diferencia, que fue cuando yo entré. Entonces a nosotros nos tenían solo investigando, y no teníamos nada que ver con el movimiento social ni político, pues había otros que se encargaban de esos asuntos. Eso generó, después, al publicarse el informe de Zona Quinta, o cuando se estaba gestando ese informe, una pregunta muy importante: ¿Esto finalmente para quién es, por qué se hace? Y ocasionaba también dudas sobre esos investigadores que se veían tan lejanos de lo que estaba pasando en la realidad… Entonces, repensar esa unión entre la vida política, el movimiento social y la investigación, siempre ha sido una constante. […]

Todos los que sacaban a la luz las denuncias estaban en la plataforma del Proyecto Nunca Más. Eso muestra que había unos recursos técnicos determinados y que había interés por lo menos en escribir una nota: la fecha, quién participó y qué había pasado. La discusión que se dio luego puso en evidencia que esa información no era suficiente para hacer un análisis global de la situación de los derechos humanos en Colombia: poner la fecha, anotar el hecho y mencionar el responsable o el nombre de la víctima, que son cuatro datos que aún maneja el Banco de Datos del Cinep, los datos mínimos que buscan básicamente mostrar qué ha pasado en términos cuantitativos (cuántas torturas, cuántas desapariciones), no es suficiente. Así que el Proyecto se dispuso a hacer algo más cualitativo, como idear explicaciones de esa violencia, determinar por qué se está torturando, por qué se está desapareciendo a personas, y se utilizó el concepto de *lesa humanidad*, que tiene los elementos para generar un estado sistemático… Eso se aplicó en la investigación, pues para demostrar sistematicidad tienes que demostrar planes, poner en evidencia el papel de los medios de comunicación, los mecanismos

de impunidad, determinar cuál ha sido el rol de todos los organismos… Así, la investigación se abrió a otros espacios, y tuvimos que
dedicar como dos o tres años a la discusión entre la gente que hacía
ese trabajo y las nuevas ideas que venían de afuera, de Guatemala,
de Argentina, que nos decían que no es suficiente con sumar muertos, que hay que mostrar los planes, que hay que señalar el papel
que han jugado en la violencia los diversos estamentos del poder.
Y es entonces cuando surge lo que se llama el *Tesauro del nunca
más*, que es el cuaderno metodológico. [Entrevista a M. D., 2010].

Puesto así, para el Movimiento de Víctimas de Crímenes de
Estado hay una lectura sobre el papel que debe jugar la memoria que funda su reclamo sobre la necesidad de que los informes
producidos por el GMH tengan también efectos en los procesos
judiciales y en la puesta en evidencia de la sistematicidad de las
prácticas de represión y violencia política auspiciadas por el Estado. Ello no significa que el grupo de investigadores que hacen
parte del GMH no sea reconocido por su trabajo o que se parta de
una valoración negativa que las organizaciones de víctimas hagan
de los informes producidos por el Grupo. Lo que refleja es que las
condiciones políticas en las que se gesta el GMH le confieren una
representación que, para las víctimas —aun con las que se han
realizado los informes previos—, no deja de ser problemática y
ambigua. En el mismo sentido, el contexto de producción de los
informes influye en la lectura que las organizaciones de víctimas
hacen de los mismos y de sus efectos. Aun cuando los investigadores y las víctimas comparten la lectura de que el escenario actual
es el de un conflicto armado vigente, y no el del posconflicto, para
las víctimas resulta más difícil enfrentar el reto de "hacer memoria
en medio de las balas", pues prima la necesidad de preservar la
vida ante una amenaza que, en muchos casos, siguen proviniendo
las instituciones del Estado.

La resistencia que diferentes sectores de las víctimas de crímenes de Estado expresan ante las propuestas de memoria gestadas por iniciativa del Estado parece sostenerse, así, en el riesgo de ganar visibilidad a costa de perder la potencia y la fuerza

que puede, en todo caso, suponer mantenerse al margen de una institucionalidad o de un discurso oficial. Este riesgo, tal como señala Foucault a propósito de lo que denominaba *los saberes sometidos*, supone que los saberes que han estado históricamente marginados, excluidos, silenciados, descalificados, oprimidos o no legitimados, aquellos que se han puesto en juego "en contra de la instancia teórica unitaria que pretende filtrarlos, jerarquizarlos, ordenarlos en nombre de un conocimiento verdadero, en nombre de los derechos de una ciencia que algunos poseerían", si bien pudieron hallar un punto de encuentro con una forma de conocimiento científico en virtud de la eliminación de la tiranía de la jerarquía y de "los saberes englobadores", pueden terminar reincorporados en un nuevo orden de exclusión (Foucault, 2008: 22). De allí que Foucault se pregunte si estos saberes

> ¿No corren el riesgo de ser recodificados, recolonizados por esos discursos unitarios que, tras haberlos descalificado en un primer momento y luego ignorado su reaparición, están acaso dispuestos ahora a anexarlos y retomarlos en su propio discurso y sus propios efectos de saber y poder? […] ¿Nos encontramos realmente, en todo caso, en la misma relación de fuerza que nos permita destacar, por decirlo así, en estado natural y al margen de cualquier sometimiento, esos saberes destrabados? ¿Qué fuerza tienen por sí mismos? [Foucault, 2008: 25].[36]

Sin embargo, además del riesgo de que esos saberes sean recodificados o recolonizados por esos discursos, también se puede suponer la posibilidad de que esos saberes hagan un uso estra-

---

[36] Si bien, por ejemplo, en el informe sobre El Salado se indica que "en las narrativas del conflicto contemporáneo resulta ya ineludible dar cuenta de lo que se ocultaba, a saber, el punto de vista, la memoria de las víctimas" (CNRR, 2009: 8), y si bien esta idea se puede erigir como imperativo ético, no necesariamente considera el orden de poder y marginación que puede llegar a entrañar el tránsito a lo público de unas memorias que yacen al margen. Las premisas de "dar voz", "crear escenarios para escuchar al otro", "poner en palabras lo sucedido", aunque loables, no son un fin en sí mismo ni están desprovistas de límites tanto éticos como políticos.

tégico de las posibilidades que dichos discursos generan. Aun cuando el riesgo permanece, la potencia de esos saberes también puede surgir no solo por la distancia que establecen frente a los discursos que pretenden rearticularlos, sino por la forma en que emplean tácticamente esa pretensión (Certeau, 2007).

Puesto de esta forma, la lectura crítica que varias de las organizaciones de víctimas de crímenes de Estado realizan de las iniciativas emprendidas por el GMH, y la distancia que han tomado respecto a la CNRR, pueden entenderse en virtud del interés de dar coherencia interna a sus procesos de movilización y de poner límites a cualquier posibilidad de remarginación o sometimiento de sus memorias y sus luchas. En esa medida, por ejemplo, el Proyecto Colombia Nunca Más, construido de manera silenciosa pero constante, y desde las víctimas mismas, constituye una potencia que no llega a ser reapropiada por un orden institucional.

> Ese es un trabajo constante que se ha realizado. La base de datos del Proyecto Colombia Nunca Más ha permitido desarrollar procesos judiciales que hoy están dando frutos; ha sido una fuente documental, una fuente y un ejercicio permanente de memoria; ha sido una experiencia poco reconocida, pero creo que es una de las más importantes en Colombia, porque es el resultado de las víctimas, no es una cosa institucional del Estado, no es la herramienta que se ha oficializado: es una experiencia de construcción de verdad de las víctimas, y no solo en términos empíricos de obtener datos o fotografías, no. Aquí hay una construcción conceptual del movimiento de víctimas. Uno de los logros de este movimiento es que tiene una conceptualización de la historia: las víctimas no necesitan preguntarles a los académicos "¿Cómo debemos pensar sobre este o aquel tema?". El movimiento tiene una visión propia, una visión que puede ser discutida, que puede ser puesta en tela de juicio, pero que ha demostrado su justeza en el debate público. [Entrevista a I. C., 2010].

De igual forma, la participación de organizaciones de víctimas en los informes del GMH o en las acciones emprendidas por la CNRR tampoco pueden leerse como la pérdida de la potencia y la fuerza de estas organizaciones, o como la capitulación de sus luchas, sino como el intento de emprender una acción estratégica destinada a sacudir los escenarios de olvido a los que han quedado relegadas las memorias de las víctimas:

> Creo que no hay un escenario ideal, sino escenarios concretos, y las víctimas tienen que aprovecharlos todos: todas las vías de justicia, todas las posibilidades de participación política, de acción parlamentaria, de verificación internacional, de justicia internacional, de buenos oficios. Las víctimas no descartan ninguna vía y no sueñan con un escenario ideal, sino que construyen esos contextos sobre la base de la participación en múltiples escenarios. [Entrevista a I. C., 2010].

En todo caso, habría que recalcar que las acciones promovidas por el Gobierno en los últimos años en materia de garantías y reconocimiento de los derechos de las víctimas han sido muy reducidas y que, por el contrario, ha evidenciado su desprecio por el Movimiento de Víctimas de Crímenes de Estado y un abierto sesgo a favor de su exclusión, así como un desinterés en estimar la responsabilidad de los agentes estatales involucrados en esos crímenes. Así, en realidad es difícil sostener que el distanciamiento entre las víctimas y las políticas del Gobierno colombiano es producto de la falta de escenarios para establecer vínculos de confianza entre unos y otros; en realidad es más bien el resultado de la segregación deliberada que el Gobierno hace del sector de víctimas que reclama por los crímenes cometidos por el Estado. Esta segregación se hizo evidente, como se mostrará, en el proceso de debate de la fallida Ley de Víctimas.

El silencio de las víctimas, en esa medida, habrá de entenderse, entonces, en virtud de las condiciones sociales de producción del testimonio o la denuncia, de los límites que los marcos sociales le imponen a la voz de las víctimas, y no solo como la incapacidad de elaborar en el orden del lenguaje su sufrimiento. Se trata también de las condiciones de exclusión, silenciamiento y olvido que operan en los escenarios transicionales, a partir del imperativo de una selección científica de casos y testimonios (Saunders, 2008). Así lo reseña Tomás Moulian (2004) al referirse a la historia oficial construida en la etapa de la concertación chilena:

> [...] esa historia oficial no incluyó a los miles y miles de tortura-dos, muchos de los cuales después del martirio debieron tomar el camino del destierro. ¿Por qué fueron descartados, dejados fuera del ritual? Porque eran demasiados. Porque grabar sus nombres hubiese sido una tarea interminable, una demostración aún más fuerte de la masividad de la represión. Además, fueron desenfoca-dos, colocados fuera del escenario, porque podían hablar. Habrían copado los primeros años de la temerosa transición con los bestiales testimonios de los suplicios. [Moulian, 2004: 53].

El proceso de omisión, exclusión, silenciamiento y olvido entraña un borramiento no solo epistémico, sino político, que tiende a reducir ciertas violencias a la categoría de insignifican-tes. Si la violencia perpetrada ha buscado destruir y fracturar los vínculos identitarios de las víctimas, la impunidad, por su par-te, desdibuja el rostro y la responsabilidad del victimario. En la medida en que la denuncia desnuda la contracara represiva del Estado, la apelación a la imposibilidad de insertarla en las narra-tivas oficiales devela la complicidad que llega a establecerse con esa violencia que, aunque existente y reconocida, es descartada por insignificante o peligrosa. Con ese mismo gesto, ¿no es po-sible entonces justificar ciertas formas de violencia como razón de Estado? ¿Cómo considerar que las narrativas gestadas desde el Estado son representativas del "otro", cuando desconocen las responsabilidades de los Estados en los horrores y los crímenes? No hay narrativa liberadora ni dignificante para las víctimas ata-da a los marcos epistémicos que perpetúan las impunidades de los Estados.

3. PRESERVACIÓN DE LA EXCLUSIÓN

Con el interés de crear garantías para que las víctimas ejerzan su derecho a la verdad, la justicia y la reparación, el 12 de octubre de 2007 la bancada del Partido Liberal presentó ante el Congreso de la República un proyecto de ley "Por el cual se dictan medidas de protección a las víctimas de la violencia", también llamado *Estatuto de Víctimas*. El proyecto tuvo como ponentes a los senadores Juan Fernando Cristo, Óscar Darío Pérez, Javier Cáceres, Samuel Arrieta, Gustavo Petro y Gina Parody, y a los representantes a la Cámara Guillermo Rivera Flórez, Rosemary Martínez, Jorge Mantilla, Carlos Ávila, River Legro, Telésforo Pedraza, Germán Olano, David Luna y Fernando de la Peña.

El objetivo de la ley presentada era "regular los derechos de las víctimas del conflicto armado y de la violencia política que se vive en Colombia", para lo cual contemplaba su aplicación para las víctimas de "los agentes violadores de los derechos humanos, así como de aquellos que cometen delitos en el marco del conflicto armado, sean grupos armados ilegales o agentes estatales" (*Gaceta del Congreso*, n.º 502, 2007). El proyecto de ley generaría una serie de debates y una activa participación de las víctimas que habrían de nutrir y concertar la propuesta de la ley. Sin embargo, la bancada oficial (uribista) impuso una nueva versión de la ley, desconociendo el proceso de participación de las víctimas y finalmente el proyecto de ley se cayó.

La revisión de este proceso de construcción de la ley, así como los argumentos esbozados por el Gobierno y su bancada para rechazarla, se analizan en este capítulo.

El proyecto de ley impulsado por el senador Juan Fernando Cristo y por el representante a la Cámara Guillermo Rivera era en realidad la materialización de una serie de acciones de movilización social que, desde la firma del Pacto de Ralito y la posterior promulgación de la Ley de Justicia y Paz, habían realizado diferentes organizaciones sociales. Si bien el pronunciamiento de la Comisión Interamericana de Derechos Humanos sobre la aplicación y el alcance de la Ley de Justicia y Paz en Colombia celebró el fallo de la Corte Constitucional respecto a la participación de las víctimas en todas las etapas del proceso de justicia y paz , y reiteró que ello garantizaba su derecho a saber la verdad sobre lo ocurrido, al tiempo que subrayó el desafío que suponía para las instituciones del Estado asegurar esa participación efectiva, según los lineamientos de la Corte Constitucional (OEA/ Ser/L/V/II. 125, 2006: 1-2), la realidad de la implementación de la ley puso en evidencia una amplia cantidad de limitaciones para la participación de las víctimas en este escenario. Las víctimas pronto percibieron que el fallo de la Corte Constitucional, aunque importante, no solventaba los problemas estructurales de los procesos de justicia y paz. La necesidad de una Ley de Víctimas que garantizara los derechos a la verdad, la justicia y la reparación integral, así como la no repetición de los hechos, en cierto modo se empezó a impulsar desde la Mesa Nacional de Víctimas Pertenecientes a Organizaciones Sociales, que desde 2007 articula más de 150 organizaciones sociales de víctimas, y defensoras de derechos humanos, en torno a la defensa y exigibilidad de los derechos de las víctimas.

El texto del proyecto presentado en el Congreso a comienzos de octubre de 2007 contenía 118 artículos que se ocupan de distintas materias vinculadas con los derechos de las víctimas: derecho a la restitución, indemnización, derecho a la rehabilitación, derecho a las medidas de satisfacción, reparación simbólica, garantía de no repetición, reparación colectiva, sistema nacional de atención, asistencia y ayuda humanitaria a las víctimas de la violencia, fondo de reparación para las víctimas de la violencia, régimen disciplinario de los servidores públicos frente a las víctimas y protección integral a los niños, niñas y adolecentes víctimas (*Gaceta del Congreso*, n.° 502, 2007). El texto del proyecto presentado en aquella ocasión era el primer intento de asumir una política integral en materia de protección y garantía de los derechos de las víctimas. Sin embargo, este primer texto fue objeto de revisiones por varias organizaciones de víctimas y por organizaciones defensoras de derechos humanos, que señalaron, entre otras cosas, la necesidad de que la ley definiera a las víctimas no como objeto de la asistencia del Estado, sino como sujetos de derechos que deben ser garantizados por el Estado y, en caso de ser violados, que deben ser reparados (CCJ, 2007: 1). Esto supone que la reparación en sentido integral no puede limitar la labor del Estado a una concesión o indemnización:

> En la perspectiva de los derechos es posible vincular el derecho a la reparación con derechos que deben defenderse coetáneamente, como lo son la justicia, la verdad y las garantías de no repetición. Cualquier programa dirigido a atender a las víctimas se debe articular alrededor de todos estos ejes, de manera que la reparación no se limite a concesiones o indemnizaciones particulares (artículos 47 y 59 del proyecto), sino que involucre el componente individual, colectivo, material, simbólico, físico y psicosocial, y que además comprenda el derecho a que el Estado disponga recursos para determinar los hechos y los responsables de la victimización y defina políticas de prevención para que los hechos de violencia no se susciten nuevamente. [CCJ, 2007: 3].

Las revisiones y los aportes hechos por las organizaciones sociales dieron a la ley un carácter mucho más contundente en la definición de la integralidad y en la forma en que se definía a las víctimas y al Estado frente a la reparación. Cuando fue presentado al primer debate en el Senado, el proyecto contaba con el apoyo de diferentes bancadas y con aportes de diversas instituciones estatales y organizaciones no gubernamentales. El proyecto que se presentaba al primer debate marcaba, entre otras cosas, una diferenciación entre ayuda humanitaria, asistencia y reparación, con lo cual buscaba impedir que el Estado se librara de responsabilidades y que la reparación no perdiera su verdadera noción,[1] como sucedería en el Decreto 1290 de 2008.[2] El 11 de diciembre ese proyecto de ley fue aprobado en el primero de dos debates en el Senado (*Gaceta del Congreso*, n.° 634, 2007).

El 3 de junio de 2008, para el segundo debate del proyecto en el Senado, el Gobierno, en cabeza del entonces ministro del Interior Carlos Holguín, expresó su inconformidad con el proyecto y señaló que en él se abordaban temas "sumamente delicados", entre ellos el de la responsabilidad fiscal (*Gaceta del Congreso*, n.° 256, 2008). El reparo del Gobierno, sin embargo, no solo estaba relacionado con el tema fiscal, sino con otros aspectos del proyecto, entre ellos el de la creación de un alto comisionado para las víctimas o el hecho de que se incluyera a las víctimas de crímenes de Estado entre los beneficiarios de la ley, aunque el ministro Holguín subrayaba que el problema era que el proyecto no reflejaba consensos ni acuerdos, pese a que desde su presentación el proyecto contó incluso con el respaldo de la bancada uribista (*El Tiempo*, 14 de julio de 2008).

Previa a la votación del segundo debate en el Senado, el 12 de junio de 2008 se realizó una audiencia pública que contó con la intervención de la oficina en Colombia del alto comisionado de las Naciones Unidas para los Derechos Humanos. En dicha intervención se señaló, entre otras cosas, la pertinencia y el acierto de la ley al superar y dar respuesta positiva a las restricciones trazadas en el Decreto 1290, pues

---

[1]   Al respecto, véase *El Espectador* (31 de mayo de 2008).

[2]   El Decreto 1290 fija la reparación individual, por vía administrativa, de las víctimas de los grupos armados organizados al margen de la ley, y solo es aplicable a víctimas de paramilitares y guerrilla por hechos ocurridos antes de abril de 2008. De esta norma no pueden beneficiarse las víctimas del Ejército, la Policía, de organismos de inteligencia, etc., por lo que desconoce la existencia de víctimas de crímenes de Estado y el hecho de que muchas de ellas no han sido reparadas. Asimismo, entiende la reparación como un acto de solidaridad del Estado con las víctimas y considera que la ayuda humanitaria entregada, por ejemplo, a las víctimas de desplazamiento forzado, constituye ya una medida de reparación, por lo que los montos recibidos por ese concepto deben descontarse de la reparación.

[…] abre las puertas a que el derecho a la verdad, la justicia y la reparación, así como las garantías de no repetición, esenciales para la recuperación de condiciones de convivencia respetuosa y de vigencia de los derechos humanos de todas las personas en el país, no se segmenten, y así accedan a sus derechos, por vía de una reparación plena, adecuada, efectiva y rápida, todas, repito, todas las víctimas. Se atiende así plenamente el deber de adoptar mecanismos de reparación en correspondencia con el derecho reconocido por los instrumentos de derechos humanos en cabeza de todas las víctimas, de tener acceso a recursos judiciales y administrativos que les permitan ejercer sus derechos. [OACNUDH, 2008b].

Junto con las intervenciones de la Oficina del Alto Comisionado de las Naciones Unidas para los Derechos Humanos (OACNUDH), otras entidades y organizaciones reiteraron la importancia del proyecto de ley, que ese mismo día por unanimidad se aprobaría y cursaría su tránsito hacia los dos debates restantes en la Cámara de Representantes (*El Tiempo*, 22 de junio de 2008). Sin embargo, el texto del proyecto fue aprobado con amplios reparos del Gobierno nacional. Las diferencias entre el proyecto presentado por los senadores y el Gobierno estribaban fundamentalmente en 1) la inclusión de la víctimas de crímenes de Estado (el Gobierno consideraba que el Estado ni había delinquido ni podía reconocer haberlo hecho, por lo que, en su parecer, no existían las víctimas de crímenes de Estado; desconocía, además, las condenas al Estado colombiano procedentes de las cortes internacionales). 2) El tema de tierras, pues el Gobierno, en cabeza del director de Estupefacientes, consideraba impropio que todas las tierras y los bienes incautados a los narcotraficantes se distribuyeran entre las víctimas e hicieran parte del Fondo de Reparaciones. 3) La reparación, según el Gobierno, se debía entender no con el criterio de responsabilidad, sino con el de solidaridad, tal como había quedado fijado en el Decreto 1290.[3] Como se puede notar, la postura del Gobierno se sostenía fundamentalmente en

---

[3]   Sobre este aspecto el proyecto aprobado terminó legitimando una condición ambigua denominada *deber de garantías del Estado*.

el interés de desconocer cualquier criterio jurídico que estableciera la posibilidad de existencia de los crímenes y, por ende, de las víctimas de crímenes de Estado, y su noción de *reparación por solidaridad* de paso desconocía su responsabilidad en el conflicto armado. De hecho, esta perspectiva era consecuente con los múltiples pronunciamientos del Gobierno que indican que en Colombia no hay, ni ha habido, conflicto armado, sino grupos que realizan acciones terroristas. En consecuencia, el presidente de la CNRR, Eduardo Pizarro, intentaría argumentar que el principio de solidaridad es "éticamente superior al principio de responsabilidad", y señalaría que el caso colombiano no se asemeja al de Chile, en donde "la inmensa mayoría de los crímenes perpetrados durante los años de la dictadura militar de Augusto Pinochet fueron cometidos por agentes del Estado", sino que es mucho más parecido al de España tras la reconstitución de la democracia, en 1976, "en donde la responsabilidad de los actos recae ante todo en actores no estatales". Para Pizarro la ley española de 1999, al señalar que la reparación se debe dar en solidaridad con las víctimas del terrorismo (fundamentalmente de las acciones de ETA o Al Qaeda), "se fundamenta en dos principios éticos y jurídicos convergentes: por un lado, en el principio de que deben ser las organizaciones terroristas las que asuman la responsabilidad por sus crímenes y, por otro, que el Estado y la sociedad deben ser, no obstante, solidarios con las víctimas para intentar resarcir el daño causado y aminorar el dolor", por lo que se torna el modelo más conveniente y coherente para la realidad colombiana (*El Tiempo*, 19 de octubre de 2008). Como se puede ver, la perspectiva de Pizarro supone una muy particular lectura sobre el conflicto armado, en todo caso coherente con la del presidente de la República, y parte de desconocer, de igual forma, que el principio ético superior en realidad estriba en que el Estado sea capaz de reconocer la responsabilidad por sus crímenes.

La aprobación del proyecto en el segundo debate del Senado animó nuevos debates sobre este tema. El Movimiento Nacional de Víctimas de Crímenes de Estado señalaba las limitaciones éticas y políticas que implicaban la segregación, exclusión y marginación de las víctimas de crímenes de Estado en una eventual

Ley de Víctimas, y recordaba cómo ello en realidad solo se sumaría a los patrones históricos de estigmatización, persecución, negación y exterminio de los últimos años presentes en diferentes iniciativas gubernamentales. A su vez, el Movice (2008) insistía en que en la jurisprudencia de las sentencias emitidas por la Corte Interamericana de Derechos Humanos se señala que el Estado colombiano ha sido responsable de la conformación de grupos paramilitares. El Movice además abogaba en su pronunciamiento por la necesidad de que el proyecto de ley estableciera con claridad la importancia del reconocimiento de responsabilidad del Estado colombiano como fundamento de las obligaciones de protección y garantía para las víctimas, constituyera un avance frente a las limitaciones del Decreto 1290 y determinara sin eufemismos el destierro, de cara a garantizar la devolución de las tierras usurpadas ilegalmente. Con todo, el Movice reconocía que pese a algunas limitaciones, el proyecto de ley contemplaba medidas significativas para las víctimas, pero instaba a que se hicieran modificaciones que garantizaran su efectividad jurídica. Al respecto, la secretaria técnica nacional del Movice señala:

El proyecto de Ley de Víctimas es interesante, pero nosotros, como movimiento, consideramos que el proyecto de ley que se pasó realmente no era un gran avance. ¿En qué sentido? Bueno, sí constituía un avance el hecho de que efectivamente reconocía los crímenes de Estado. Pero el proyecto suscitó discusiones profundas en lo que tiene que ver con la relación entre víctima y victimario, y en lo relacionado con la diferencia que el derecho internacional humanitario establece entre un crimen de Estado y un crimen cometido por otro actor, como la guerrilla, por ejemplo. Este proyecto de ley era una iniciativa interesante en materia de tierras, porque rescataba una estrategia propuesta por el Movice: el catastro alternativo. Pero no era un proyecto de ley que nos representara a todos. El Movice participó en este proceso, aunque con mucha desconfianza, hay que decirlo, porque algunas organizaciones que lo lideraban históricamente no tienen, o no han demostrado, interés alguno en las víctimas, ni han trabajo con ellas. Pero es un proceso consultivo interesante. [Entrevista a C. T., 2010].

El proyecto de Ley de Víctimas no solo estuvo sometido a debate en el Senado y en la Cámara de Representantes, sino que contó con aportes de organizaciones sociales y de instituciones del Estado, ya que para su discusión los senadores realizaron varias audiencias regionales.[4] Las audiencias fueron el resultado del apoyo brindado por el Programa de las Naciones Unidas para el Desarrollo (PNUD) a una iniciativa del senador Juan Fernando Cristo y el representante Guillermo Rivera. Contó con el respaldo de la Corporación Viva la Ciudadanía y la Fundación Social, y con la Mesa de Organizaciones Sociales. Las audiencias se realizaron entre el 15 de agosto y el 10 de octubre de 2008 en espacios donde las más de 3000 víctimas que asistieron pudieron presentar sus propuestas y testimonios:

> En cada audiencia, fruto del taller, se presentaron menos de una decena de ponencias con propuestas por temas, construidas por las propias víctimas y presentadas por voceras y voceros seleccionados por ellas. Después de las ponencias, las audiencias consistieron en la presentación de numerosos y desgarradores testimonios de personas que, en muchos casos, manifestaron no querían más que ser escuchadas y tratadas con dignidad. [Fundación Social, 2008: 71-72].

Lo señalado por las víctimas durante las audiencias fue altamente significativo, pues además de reiterar la necesidad de reconocer la existencia del conflicto armado, la responsabilidad del Estado por acción u omisión, y la necesidad de simplificar los trámites para el acceso a la justicia, también hicieron aportes sobre las garantías en materia de salud sexual y reproductiva para las mujeres víctimas de delitos sexuales en el marco del conflicto

---

[4]   Se realizaron ocho de estas audiencias: una para Antioquia y el eje cafetero, en Medellín; otra para Meta y Guaviare, en Villavicencio; una en Pitalito para Caquetá y Putumayo; otra más en Sincelejo para Montes de María, Sucre, Córdoba y centro de Bolívar; una quinta en Valledupar para la región caribe (Atlántico, Magdalena, norte de Bolívar, La Guajira y norte del Cesar); otra en Pasto para Nariño, Valle y Cauca; una séptima para Chocó en Quibdó, y otra más, en Barrancabermeja, para la región del Magdalena medio (parte de Santander, parte de Antioquia y sur del Cesar) (Fundación Social, 2008: 71).

armado, o en materia de salud, vivienda y educación. Asimismo, discutieron en torno a la necesidad de organizar comisiones de investigación sobre los hechos sucedidos, de avanzar en el inventario de las tierras apropiadas ilegalmente y de introducir reformas sustanciales en las políticas vigentes de atención a víctimas.[5]

Las audiencias constituyeron un aporte significativo para la discusión del proyecto de ley en la Cámara de Representantes, pues pusieron en circulación y estimularon el debate social sobre los derechos de las víctimas. Se había previsto que el 21 de octubre de 2008 se diera el tercer debate del proyecto (el primero de los dos que requiere el proyecto en la Cámara), pero los representantes no llegaron para discutir el proyecto:

> Tan solo llegaron los ocho representantes del Partido Liberal, los dos del Polo Democrático Alternativo, David Luna de Por el País que Soñamos, sumados a Nicolás Uribe, Roy Barreras, Rosmery Martínez y Telésforo Pedraza, todos de la bancada del Gobierno. [*El Espectador*, 21 de octubre de 2008].

Sin el cuórum requerido, la Comisión de la Cámara no pudo sesionar. Los representantes ausentes no asistieron a la sesión de debate, pues fueron citados a un desayuno de trabajo en la Casa de Nariño (*El Tiempo*, 22 de octubre de 2008), por lo que el debate del proyecto de ley del liberalismo fue aplazado.[6]

Así las cosas, el proyecto construido con la participación de las organizaciones de víctimas de la bancada liberal no pudo ser debatido, pues los congresistas no concurrieron al recinto del Congreso. Por su parte, la bancada uribista propuso un proyecto con modificaciones que fue presentado al tercer debate el 12 de noviembre, cuando fue aprobado. La versión del Gobierno sacó sin ningún reparo los artículos concertados con la participación

---

[5] Para una revisión pormenorizada de las audiencias, véanse las relatorías elaboradas por la Fundación Social (2008).

[6] Hay que recordar que a la par con la discusión de este proyecto, la Comisión Primera de la Cámara de Representantes tuvo a su cargo la del referendo reeleccionista.

de las víctimas y las organizaciones sociales, y de este modo alteró la versión presentada por la bancada liberal:

> En el recinto se encontraba un grupo de víctimas con pancartas que pedían la aprobación de la ley. El representante conservador Humberto Mantilla dijo que la presencia de víctimas en el salón ejercía "presión sobre los legisladores". También comparó la propuesta a un "pliego de peticiones de un sindicato". Minutos antes, el representante Heriberto Sanabria, del mismo partido, había calificado las diez audiencias públicas en las que participaron las víctimas y varios congresistas en aras de construir la propuesta, como "un acto de populismo". La escena recordó el agravio a las víctimas protagonizado por la mayoría de senadores, quienes se ausentaron del Capitolio mientras varias de ellas relataban su drama, una tarde de julio del año pasado. [*Semana*, 12 de noviembre de 2008].

La aprobación del proyecto uribista en el tercer debate generó el rechazo de diferentes sectores y organizaciones, como la Mesa Nacional de Víctimas pertenecientes a organizaciones sociales, el Centro Internacional para la Justicia Transicional, la comisionada de la CNRR Ana Teresa Bernal, la Oficina en Colombia del Alto Comisionado de las Naciones Unidas para los Derechos Humanos, el Centro por la Justicia y el Derecho Internacional (Cejil, por su acrónimo en inglés), la Fundación Nydia Erika Bautista para los Derechos Humanos, Amnistía Internacional y la Fundación Social. Todos los pronunciamientos coincidieron en que el proyecto aprobado constituía un retroceso respecto a los avances logrados en los debates del Senado. Los principales retrocesos concernían a: 1) la discriminación de las víctimas de los agentes del Estado, pues las obligaba a iniciar un proceso judicial y a tener un fallo para la reclamación de la reparación; 2) la reducción consistente en determinar que solo dan lugar a reparación los daños ocasionados por miembros de la fuerza pública, y no por otros agentes del Estado, y 3) la exclusión de las personas que resulten víctimas con posterioridad a la aprobación de la ley.

Si la bancada oficialista había dejado esperando a las víctimas en la Cámara de Representantes durante la fecha prevista para el tercer debate del proyecto, les tiraba la puerta en la cara, dándole un golpe certero al proyecto discutido. La referencia a la asistencia de las víctimas al Congreso como *presión*, y a las audiencias como *populismo*, encarnaba también el carácter excluyente y sesgado de la bancada de un Congreso al que le interesaba más garantizar la posibilidad de que el presidente Uribe se perpetuara en el poder, que los derechos de las víctimas. La acusación al representante Rivera —quien propició y participó en cada una de las audiencias— de "usar" la voz de las víctimas con fines populistas era en sí mismo desconcertante. Era evidente que un Congreso a cuya mayoría se le había abierto un proceso por vínculos con los paramilitares no podía respaldar un proyecto a favor de las víctimas. En ese contexto resulta difícil imaginar que se pudiera aprobar una ley con este imperativo ético. El 18 de noviembre el Partido Liberal comunicó el retiro del proyecto presentado:

> Con estos hechos el proyecto ha sido totalmente descuartizado y el texto aprobado carece de toda legitimidad nacional e internacional. El liberalismo deja [en] claro su desacuerdo con que el Congreso revictimice [a] las víctimas y pierde una oportunidad extraordinaria para relegitimarse ante la ciudadanía. El Congreso no debe despreciar el sufrimiento de las víctimas [...] La bancada liberal en el Senado, como autora del proyecto original, solicitará respetuosamente a la plenaria de la Cámara de Representantes el retiro del proyecto, para permitir que en marzo del año entrante comience nuevamente su trámite y se intente el consenso político que se alcanzó en su momento en el Senado y que desafortunadamente se evaporó en la Cámara de Representantes. [Partido Liberal, 18 de noviembre de 2008].

El 15 de diciembre de 2008, en el cuarto y último debate, el representante Guillermo Rivera presentaría la proposición de aplazamiento de la discusión del proyecto para la siguiente legislatura. Ese día la bancada uribista también mostraría el sesgo y el desinterés que tenía en el proyecto:

> Concluida la votación de impedimentos se procedió a darle la palabra al representante Guillermo Rivera, para que se pronunciara sobre

la proposición de aplazamiento, pero no fue posible debido a que varios miembros de la bancada de gobierno, e incluso algunos asesores y ministros de despacho, protestaron airadamente con gritos, rechiflas, improperios y golpes al pupitre, silenciando la voz tanto del representante Rivera como del presidente de la Cámara, que trataba de recobrar el orden de la sesión. [Fundación Social, 2008: 65-67].

El silenciamiento, maltrato y marginación que sufrió ese día el representante Rivera era diciente y reflejaba las mismas actitudes que históricamente se habían tenido frente a las víctimas. Aún con la legitimidad que le otorgaba su bancada y que le ganó el respaldo de diferentes sectores políticos para presentar el proyecto, su apuesta estaba del lado de las víctimas, pero para la política colombiana eso significaba estar del lado equivocado. La discusión del proyecto se pospondría para la legislatura del siguiente año.

Carolina Torres, del Movice, señala que, casi de manera paralela a las discusiones sobre la Ley de Víctimas, se discutió con el vicepresidente Francisco Santos la necesidad de una política integral de derechos humanos que también brindara garantías a los defensores y defensoras:

> Nos citaron a todas las organizaciones de derechos humanos, de víctimas y familiares para hablar sobre una política integral de acción en derechos humanos. Y lo que encontramos fue lo mismo. Exactamente igual que ha pasado con las sentencias internacionales, pasó en este proceso: vino el vicepresidentes Santos, se instaló el espacio, pero realmente nunca hubo un seguimiento ni algo que fuera realmente contundente y trascendental. Pero eso le sirvió al Movimiento de Víctimas para construir una propuesta de lo que considera que debe ser una política integral de derechos humanos. Es un documento público en el que hablamos de unos mínimos —teniendo en cuenta las sentencias y demás— de lo que debería ser la reparación en Colombia. Hablamos de reparación de los derechos civiles, sociales, económicos, culturales y políticos. Es una propuesta de reparación en términos de sectores políticos, de oposición, de iglesias, y considera unos puntos mínimos, como que "El Estado colombiano reconocerá que efectivamente ha existido

un genocidio político, y por tanto entregará a los partidos políticos de oposición su personería jurídica". Para lograr ese documento debimos sostener encuentros con líderes de la CUT, con familiares de diferentes sectores de víctimas, con los indígenas, para que esos sectores nos dijeran: "Bueno, en términos de reparación exigimos esto; tenemos esto para negociar con ustedes". Hay, si mal no recuerdo, once puntos generales que representan los intereses de todos los sectores, y hay otros puntos que responden a sectores específicos. Como se puede ver, hay unas apuestas de las organizaciones para construir herramientas que permitan hablar de un proceso de reparación, pero realmente no existen las garantías para que empecemos a hablar. [Entrevista a C. T., 2010].

Hacia mediados de 2009, seis meses después del aplazamiento del cuarto debate y luego de varios debates y discusiones, incluyendo la votación de la Subcomisión Accidental para definir el texto del proyecto de ley, para que fuera votado, el 16 de junio la Cámara de Representantes aprobó, en el cuarto debate, el proyecto presentado por el Gobierno.[7] Con la aprobación del Senado del proyecto original presentado por la bancada liberal, y con la aprobación de la Cámara del proyecto de la bancada uribista, había que ir a una comisión de conciliación para definir el texto definitivo. En la conciliación el proyecto del representante Guillermo Rivera consiguió la mayoría, lo cual significaba que dicho proyecto debía volver al Congreso para que fuera votado nuevamente tanto en el Senado como en la Cámara:

El proyecto aprobado en la conciliación no excluye a las víctimas de agentes de Estado. Es decir, todas las víctimas, tanto de paramilita-

---

[7] "A 'pupitrazo limpio' y desconociendo las peticiones de votación nominal para cada uno de los más de 160 artículos, la plenaria de la Cámara de Representantes aprobó en último debate la Ley de Víctimas, que sin embargo debe ser conciliada con el Senado de la República. Mientras el Gobierno y los ponentes calificaban lo aprobado como un avance en la legislación colombiana, los autores (la bancada liberal) y las diversas organizaciones de víctimas dijeron que se trata de un verdadero retroceso y un irrespeto a los miles de afectados por la violencia política de los últimos cincuenta años" (Caracol, 16 de julio de 2009).

res como de guerrilleros y policías y militares, serán reparadas por igual y tendrán los mismos requisitos. El proyecto que el Gobierno impulsó en la Cámara recibió toda clase de críticas, incluso por la Oficina de Derechos Humanos de la ONU, pues exigía que las víctimas de agentes de Estado ganaran en los estrados judiciales para poder acceder a la reparación [...] Este proyecto también incluye el "deber de garantías" del Estado. Establece que si el Estado repara es porque no cumplió con su papel de proteger a los ciudadanos, como lo expresa la Constitución. El proyecto del Gobierno decía que si el Estado reparaba, era por "solidaridad", lo cual, según los analistas internacionales, era contrario a lo establecido en el derecho internacional. El capítulo de la restitución de tierras para las víctimas también fue acogido en el informe. Entonces las víctimas que han perdido sus terrenos por causa del conflicto podrán exigir la restitución de su predio. Mañana será la votación en la plenaria de cada cámara en el Congreso. Si alguna de las cámaras niega la propuesta, el proyecto se hunde. [*Semana*, 17 de junio de 2009].

El 17 de junio, el ministro de Hacienda, Óscar Iván Zuluaga, en una comunicación a los presidentes del Senado, Hernán Andrade, y de la Cámara, Germán Varón, señaló que el costo fiscal de la iniciativa legislativa puesta en consideración tras la conciliación ascendía a más de 75 billones de pesos, por lo que "el proyecto que nos ocupa, tal y como está previsto en el texto referido, genera falsas expectativas a las víctimas, pues resulta a todas luces inviable fiscalmente". En este sentido, el ministro solicitó al Congreso que "se niegue el informe que nos atañe para en su lugar considerar la posibilidad de acoger el texto aprobado en la H. Cámara de Representantes, cuyo costo fiscal asciende a 23 billones de pesos, pero cuyas medidas permiten su adopción gradual y sostenible, para así lograr la reparación integral viable a las víctimas". El 18 de junio de 2009, finalmente, el Gobierno solicitó la no aprobación del proyecto:

> El Gobierno nacional, en reunión del presidente con algunos ponentes del proyecto de Ley de Víctimas, ha pedido que no se apruebe el Acta de Conciliación, porque un costo superior a los $ 80 bi-

llones crearía un trauma irreparable a las finanzas del Estado, haría imposible la reparación pecuniaria a las víctimas y el texto final no pasaría de ser letra muerta al servicio de una agitación electoral del momento. Además, el texto conciliado, que el Gobierno solicita encarecidamente no aprobar, se constituye en una grave amenaza a la Seguridad Democrática, puesto que iguala a los terroristas con agentes al servicio del Estado, sin que estos últimos puedan tener un proceso judicial y una sentencia ejecutoriada que declare el daño a la víctima cuya responsabilidad sea atribuida a ellos. [Presidencia de la República de Colombia, 2009].

Los argumentos fiscales esbozados por el Gobierno constituyeron el cierre final de las discusiones sobre el proyecto de ley y terminaron por definir, como lo había hecho desde un inicio el ministro Holguín, el criterio de la reparación a partir de su inviabilidad económica. Sin embargo, el presidente agregaba un argumento que había defendido en varios medios de comunicación: la aprobación de una ley que reconociera a las víctimas de crímenes de Estado generaba un efecto de desmoralización en el Ejército nacional. El argumento del presidente, además de cínico, desconocía los derechos de las víctimas de las ejecuciones extrajudiciales; es decir, de los familiares de los crímenes perpetrados por el Ejército y presentados como éxitos militares, es decir, como guerrilleros muertos en combate.[8] En este escenario bien podría haber resonado la memoria de las víctimas de la masacre de El Salado, que en el informe presentado por el GMH recordaban cómo durante años la versión de los victimarios sobre la masacre —su presentación pública como un combate entre paramilitares y guerrilleros— se impuso socialmente. Pero tal vez aún no se gestan las condiciones sociales que permitan de manera efectiva escuchar esa voz.

---

[8] La alusión a la afectación de la "moral de la tropa" había sido ya defendida por el presidente de la CNRR, Eduardo Pizarro, desde otro ángulo. Pizarro argumentaba que una "rápida acción" de condena frente a las ejecuciones extrajudiciales cometidas por el Ejército garantizaba que no se repitieran las experiencias de Cuba y Nicaragua, en donde, según Pizarro, unas tropas desmoralizadas fueron el blanco fácil de la insurrección armada. (*El Tiempo*, 9 de febrero de 2009).

A mediados de 2009 el senador Juan Fernando Cristo presentó nuevamente el proyecto de Ley de Víctimas. Este fue discutido en 2010, durante el primer año de gobierno del presidente Juan Manuel Santos. Tras un recorrido similar, el debate del proyecto incluyó la defensa airada del hoy expresidente de la CNRR, Eduardo Pizarro, de la postura de no inclusión de las víctimas de crímenes de Estado,[9] y ha tendido a definir como fecha de partida para reconocimiento y amparo de las víctimas, el año de 1991. Esto significa que las víctimas de períodos anteriores a esa fecha no serán cobijadas. Una vez más, el argumento que tiende a imponerse es el de la inviabilidad financiera si se definiera una fecha anterior, pero evidentemente trasciende que la elección de una fecha es mucho más que una forma de definir a futuro el presupuesto nacional: es una lectura de la guerra, del pasado, del futuro y de la paz.

La lógica que sostiene el supuesto escenario transicional contemporáneo, gestado en Colombia a partir de la Ley 975 de 2005, es altamente excluyente y se fundamenta en una mirada sesgada sobre las víctimas y en el desconocimiento de la responsabilidad del Estado respecto a los crímenes que se cometieron directa y sistemáticamente bajo su amparo. En este contexto, y a partir de estas premisas, se construye un discurso en torno al pasado, al sufrimiento y a las víctimas, que permite gestar y administrar el presente y crear una idea de futuro sin conflictos, tensiones ni disensos. Con todo, este tipo de procesos ha generado una importante movilización que da cuenta de la fortaleza del movimiento de víctimas y del respaldo que ha empezado a tener de otras organizaciones sociales, ONG, organismos nacionales e internacionales, y de algunos sectores políticos. Este efecto de fortalecimiento ha revelado cuán importante ha sido que los escenarios generados alrededor de la noción de lo transicional no se constituyan en una forma de impunidad, sino que garanticen los derechos de las víctimas. En este sentido, habrá que hacer un

---

[9] Al respecto puede escucharse el debate generado en el programa "Hora 20", de Caracol Radio, entre Pizarro y Juan Fernando Cristo: http://www.youtube.com/watch?v=DpVVndD-lqI.

nuevo balance de los resultados que arrojen tanto la nueva Ley de Víctimas, como la Ley de Restitución de Tierras.

CONCLUSIONES

Al emprender una lectura crítica de las prácticas generadas en torno a la definición de un escenario "transicional", esta investigación consideró de particular relevancia indagar las lógicas y dinámicas que se gestaron en el curso de este proceso de definición. En esta medida, el contraste de fuentes y el marco analítico elegido ha privilegiado una lectura no solo de los propósitos trazados por los actores en el anhelo de lograr un escenario transicional, sino de las contradicciones, tensiones, ambigüedades y paradojas que definen sus prácticas. La investigación subraya que la mirada crítica a este tipo de escenarios es indispensable para entrever el tipo de sociedad imaginada que se dibuja en los discursos sobre la paz o la reconciliación, y para entrever en su lógica interna los límites éticos que se traspasan al amparo de criterios de conveniencia económica, política o incluso científica.

El desarrollo de un análisis crítico de estos escenarios no supone su condena, ni su mirada a la distancia, pero tampoco entraña la definición de fórmulas o estrategias para definir su efectividad. Implica, sí, un ejercicio de revisión desde su interior, destinado a establecer justamente que su teleología es producto de la aplicación de modelos y patrones sobre la nación y la democracia, pero no sobre la solución de los conflictos, las marginaciones y las exclusiones históricas.

Se concluye, entonces, que la lógica que soporta el pretendido escenario transicional contemporáneo colombiano, gestado a partir de la Ley 975 de 2005, es altamente excluyente y se sostiene en una mirada sesgada sobre las víctimas y en el desconocimiento de la responsabilidad del Estado frente a los crímenes que se cometieron directa y sistemáticamente bajo su amparo. En este contexto, y a partir de estas premisas, se ha construido un discurso sobre el pasado, el sufrimiento y las víctimas que permite gestar y administrar el presente, y crear una idea de futuro sin establecer ningún tipo de responsabilidad estatal respecto de la violencia generada o de la reparación debida a las víctimas. Con todo, de este tipo de procesos ha surgido una notable movilización que da cuenta de la fortaleza del movimiento de víctimas y del respaldo que ha empezado a tener de otras organizaciones sociales, ONG, organismos nacionales e internacionales, y de algunos sectores políticos. Este efecto de fortalecimiento ha revelado cuán importante ha sido que los escenarios surgidos alrededor de la noción de *lo transicional* no se constituyan en una forma de impunidad, sino que garanticen los derechos de las víctimas.

Es de vital importancia dejar en claro que aspectos fundamentales de las políticas de verdad, justicia y reparación a las víctimas —tales como el carácter del Estado, la noción de *víctima* o la fijación de un período a partir del cual se delimita la cobertura de la política— no atañen solamente a la definición de una partida presupuestal, sino que entrañan el tipo de lectura que se hará del conflicto armado, social y político, de los actores armados, del pasado y del lugar de la memoria. Este tipo de definiciones no han sido el resultado de la deliberación y la participación social, sino que se presentan como el acto de concesión filantrópica de la sociedad a sus víctimas, o como el proceso de administración y gobierno del sufrimiento y la memoria. En este sentido, es posible señalar que la materialización de marcos jurídicos que potencien el desarrollo de políticas sociales de la mano de la participación efectiva de las víctimas hace parte de una definición "de otro modo" de un escenario "transicional".

Al considerar que los escenarios transicionales entrañan una visión del pasado y del futuro y unas formas de definición de narrativas sobre la nación, la violencia y la paz, es necesario entrever no solo el sueño de una sociedad posconflicto en aquellas experiencias que se toman como modelo de justicia transicional, sino también la posibilidad de que el conflicto y el disenso sigan siendo una opción para la sociedad.

APÉNDICE
UNA INVESTIGACIÓN INTERPELADA

En abril de 2010, con ocasión de las entrevistas que realizaba para esta investigación, tuve la oportunidad de conversar con Rogelio Martínez, un líder campesino del municipio de San Onofre, en el norte de Colombia. Rogelio era el representante de una organización comunitaria que reclama el derecho sobre la finca La Alemania, robada por el paramilitar Rodrigo Mercado Pelufo, alias Cadena. Desde 2006 Rogelio era el representante de 52 familias que fueron desplazadas por Cadena, jefe del bloque paramilitar Héroes de los Montes de María, para quedarse con los terrenos de La Alemania. Rogelio hacía parte de un grupo de familias que se organizaron en una empresa comunitaria mediante la cual habían logrado que se les adjudicara nuevamente los terrenos,[1] y

---

[1] "Desde 1998 hasta 2001 estas familias fueron desplazadas, y en 2001 el predio fue ocupado por Cadena. Según denuncias de los campesinos, durante cinco años La Alemania se convirtió en centro de operaciones paramilitares. Además, las autodefensas saquearon y desmantelaron las mejoras que hicieron los campesinos. Las víctimas al mismo tiempo vieron cómo se incrementaron las deudas con el Banco Agrario con las que adquirieron la propiedad. Sin embargo, los campesinos denunciaron que el Incoder solicitó el embargo de la propiedad desconociendo la condición de desplazados de los campesinos y las amenazas en su contra, justo cuando, al parecer, los paramilitares se habían interesado en quedarse con la finca. En 2007, a pesar del desplazamiento y la ocupación del predio por los 'paras', el Banco Agrario le vendió la deuda a la empresa priva-

117

tuvo la difícil misión de liderar una lucha importante para los campesinos desplazados:

> El conflicto paramilitar que se dio en la zona nos afectó en el sentido de que
> fuimos desplazados de ahí y varios compañeros terminaron asesinados. Eso
> es lo que me ha llevado a seguir enfrentando la situación. Ahora, con la des-
> movilización que hubo, regresamos y estamos denunciando estos hechos.
> Como representante me ha tocado llevar la vocería de mis compañeros, y
> fue así como llegué al Movimiento Nacional de Víctimas… Estoy en el ca-
> pítulo de Sucre. [Entrevista a Rogelio Martínez (en adelante, R. M.), 2010).

Los avatares de Rogelio, como el de muchas familias desplazadas,
muestra la dificultad para encontrar resonancia y reconocimiento en las
instituciones del Estado y para demostrar que el proceso de negociación
con los paramilitares no había incluido su desmovilización efectiva:

> El resultado de las acciones que ha emprendido el Estado hacia nosotros
> ha sido negativo, porque en realidad no nos ha querido dar reconocimien-
> to. Muchas de las cosas que nosotros denunciábamos y documentábamos
> para el Estado eran tratadas como mentiras: decían que no pasaba lo que
> nosotros denunciábamos. Recuerdo que veníamos haciendo denuncias so-
> bre los conflictos que, a pesar de la desmovilización, seguían ocurriendo,
> porque había paramilitares en la zona, pero siempre decían que eso era
> falso, hasta que años más tarde reconocieron que había un conflicto en la
> región. Los funcionarios del Estado no han hecho nada, porque en Sucre
> ha habido muchas amenazas contra los miembros del Movice, y a pesar
> de que se ha conseguido que ordenen unas medidas de protección, no son
> apropiadas, porque en realidad no se brindan, no se cumplen. [Entrevista
> a R. M., 2010].

---

da de cobranza Cisa (Central de Inversiones S. A.), quien a su vez se la dio a
Covinoc, otra firma de cobranza. Sin embargo, gracias a varias acciones legales,
el predio fue protegido y tiene medida cautelar, que prohíbe su transferencia o
venta. Pero La Alemania sigue en remate y en riesgo de pasar a otras manos a
bajos precios" (*Semana*, 19 de mayo de 2010).

Rogelio también subrayó en aquella ocasión la disonancia que genera en las víctimas el uso de un lenguaje sobre la reparación, cuando no existen medidas efectivas para reconocer los daños materiales ocasionados a las víctimas:

> —*Rogelio, ¿usted qué sabe de la Comisión Nacional de Reparación y Reconciliación?*
> —¿La del Estado? Bueno, mire, la gente del Estado se ha acercado a mí a raíz de que soy de la Comisión Nacional de Víctimas, y han llegado a la zona donde me la paso hablando de reparación. Pero a nosotros nos deja mucha duda el papel de esos funcionarios, porque para nosotros, que hemos sufrido daños materiales (por ejemplo, tuvimos que abandonar la finca y hemos sufrido pérdidas que no son reconocidas), para nosotros no tiene sentido la Ley 975, porque sabemos que es una ley que genera impunidad. Ese es nuestro concepto, y lo digo no solo como representante de la comunidad, sino también como persona, con autonomía: esa ley genera impunidad, porque a nosotros no se nos reconocen los daños materiales. Nosotros no estamos de acuerdo con el alcance de esa ley. [Entrevista a R. M., 2010].

La conversación con Rogelio me permitió entrever la dificultad que acarrea para las víctimas emprender un proceso de lucha por sus derechos y a la vez tener que enfrentarse a sus victimarios, a sus amenazas y a su administración del miedo, a sus confesiones que, en medio del proceso de versiones libres de la Ley de Justicia y Paz, tienden a volverse incontrovertibles, y a sus formas cínicas de encubrir su responsabilidad por los hechos. Asimismo, me permitió comprender cuán difícil es para las víctimas ejercer esa participación activa que la Ley 975 de 2005 presume garantizar en todas las etapas del proceso, pues por medio de él pude conocer la sensación de impotencia que significa para las víctimas ver cómo se crean todas las condiciones para que el victimario pueda hablar, y cómo se presentan múltiples trabas con el objeto de que las víctimas no sean escuchadas ni puedan controvertir las versiones de sus victimarios. Rogelio describía la versión libre de un jefe paramilitar como ver una película sin poder detenerla o pausarla, simplemente como un observador distante.

Este líder campesino me contó cómo las amenazas en su contra aumentaron significativamente tras su asistencia a una de las audiencias de un jefe paramilitar:

[…] desde que empecé a ir a esa audiencia empecé a tener problemas de amenazas, señalamientos que me están causando problemas. Eso tiene silenciadas a muchas víctimas, porque usted sabe que los paramilitares todavía tienen la vara en la mano y cuentan con la complicidad —eso lo digo yo—, cuentan con la complicidad del Estado. [Entrevista a R. M., 2010].

Allí pude establecer que el silencio de las víctimas responde también a un interés por preservar la vida y a la imposibilidad de encontrar una sociedad dispuesta a escucharlas, y no a asesinarlas, excluirlas, silenciarlas u olvidarlas. Pude conocer también que el sufrimiento y el silencio pueden ser herramientas útiles para administrar la guerra y mecanismos para perpetuar la impunidad:

Yo he tenido una lucha con el Ministerio del Interior porque siempre le propone a uno: "Mire, aquí tiene los viáticos, aquí tiene el tiquete". Pero yo pregunto: Después de los tres meses que dura la ayuda, ¿qué pasará con las personas? Por eso he sido claro con lo que digo, a pesar de que siempre se sabe que se corren riesgos de que… Siempre he sostenido que pareciera que los victimarios estuvieran más unidos que nosotros, que somos las víctimas, y les he dicho a los funcionarios que sé que estoy corriendo riesgos, que sé que me pueden matar en cualquier momento, pero digo: "La vida de un campesino es la tierra; un campesino sin tierra es un campesino muerto". Y por eso permanezco en la tierra, y que sea lo que Dios quiera. Y digo que si la solución para un colombiano es que de todas maneras tiene que irse, entonces Colombia se quedará sola. Pienso que las autoridades no deben abandonarnos; y eso no quiere decir que uno vaya a vivir permanentemente con las autoridades encima. Pero al menos el Estado debería preocuparse por las víctimas. Eso es lo que quiero decirle… [Entrevista a R. M., 2010].

Poco menos de un mes después de esta conversación, el 18 de mayo de 2010, Rogelio fue asesinado.

BIBLIOGRAFÍA

Aranguren, Juan Pablo (2010a), *Tortura, subjetividad y memoria: Los avatares del cuerpo sufriente y los límites éticos de la narrativa como acto liberador* (inédito).

—— (2010b), "De un dolor a un saber: Cuerpo, sufrimiento y memoria en los límites de la escritura", en *Papeles del* CEIC, n.º 63 (Bilbao), septiembre.

—— (2010c), "Del barroco colonial al biopoder neocolonial: Giros retóricos y persuasiones del cuerpo", en Elena Sierra (comp.), *Biopolítica: Reflexiones sobre la gobernabilidad del individuo* (Madrid: S & S Editores).

—— (2009), "Subjetividades al límite: Los bordes de una psicología social crítica", en *Universitas Psychologica*, vol. 8, n.º 3 (Bogotá).

—— (2008), "El investigador ante lo indecible y lo inenarrable (Una ética de la escucha)", en *Nómadas*, n.º 29 (Bogotá).

Battle, Michael (1997), *Reconciliation: The Ubuntu Theology of Desmond Tutu* (Cleveland: The Pilgrim Press).

Calveiro, Pilar (2006), *Poder y desaparición: Los campos de concentración en Argentina* (Buenos Aires: Colihue).

Caracol Radio (2009), "Aprobación de Ley de Víctimas a 'pupitrazo' desata polémica", en http://www.caracol.com.co/nota.aspx?id=830047, 16 de junio.

Castillejo, Alejandro (2007), "La globalización del testimonio: Historia, silencio endémico y usos de la palabra", en *Antípoda*, vol. 4 (Bogotá), enero-junio.

Certeau, Michel de (2007), *La invención de lo cotidiano: 1. Artes de hacer* (México: Universidad Iberoamericana).

—— (1993), *La escritura de la historia* (México: Universidad Iberoamericana).

Clifford, James (1991), "Introducción: Verdades parciales", en James Clifford y George Marcus, *Retóricas de la antropología* (Madrid: Jucar).

Comisión Colombiana de Juristas (CCJ) (2008), "Neoparamilitarismo y nuevas masacres", en *Boletín n.° 29: Serie sobre los derechos de las víctimas y la aplicación de la Ley 975*, <www.coljuristas.org>.

—— (2007), "Comentarios al Proyecto de Ley 157 de 2007 Senado", en <www.coljuristas.org>, 20 de noviembre.

Comisión de Investigación de los Sucesos Violentos de Trujillo (1995), *Caso 11.007 de la Comisión Interamericana de Derechos Humanos. Informe final* (Bogotá: Imprenta Nacional).

Comisión Interamericana de Derechos Humanos (2006), *Pronunciamiento de la CIDH sobre la aplicación y el alcance de la Ley de Justicia y Paz en la República de Colombia*, OEA/Ser/L/V/II.125.

Comisión Nacional de Reparación y Reconciliación (CNRR) (2010), *La masacre de bahía Portete: Mujeres wayuu en la mira* (Bogotá: Taurus).

—— (2009), *La masacre de El Salado: Esa guerra no era nuestra* (Bogotá: Taurus).

—— (2008), *Trujillo: Una tragedia que no cesa* (Bogotá: Planeta).

—— (2007a), "Disidentes, rearmados y emergentes: ¿Bandas criminales o tercera generación paramilitar?", en *Informe n.° 1* (Bogotá: CNRR).

—— (2007b), *Casos emblemáticos y temas de investigación* (Bogotá: Grupo de Memoria Histórica).

—— (2007c), *Plan del Área de Memoria Histórica de la CNRR* (Bogotá: Grupo de Memoria Histórica).

—— (2006), *Elementos para la construcción de una hoja de ruta* (Bogotá: CNRR).

Comisión Valech (2004), *Informe de la Comisión Nacional sobre Prisión Política y Tortura en Chile*, en <http://www.comisionvalech.gov.cl/>.

Corporación Viva la Ciudadanía (2009), *Semanario Virtual Caja de Herramientas*, n.° 162, en <www.vivalaciudadania.org>.

Das, Veena (2008), "Trauma y testimonio", en Francisco Ortega (ed.), *Veena Das: Sujetos de dolor, agentes de dignidad* (Bogotá: Universidad Nacional de Colombia, Facultad de Ciencias Humanas-Pontificia Universidad Javeriana, Instituto Pensar).

—— (2007), *Life and Words: Violence and the Descent into the Ordinary* (Berkeley y Los Angeles: California University Press).

Deleuze, Giles (1997), *Curso del 16 de noviembre de 1971*, en <http://www.edicionessimbioticas.info/spip.php?article61>.

Dussán, María Jimena (2009), "El fin de la Academia", en *Semana* (Bogotá), 18 de julio.

Ewick, Patricia y Susan Silbey (1995), "Subversive Stories and Hegemonic Tales: Toward a Sociology of Narrative", en *Law & Society Review*, vol. 29, n.° 2 (Boston).

Fanon, Frantz (1973) [1952], *Piel negra, máscaras blancas* (Buenos Aires: Abraxas).

Foucault, Michel (2008), *Defender la sociedad* (Buenos Aires: Fondo de Cultura Económica).

—— (1992), *Genealogía del racismo: De la guerra de razas al racismo de Estado* (Madrid: La Piqueta).

Franco, Vilma (2009), *Orden contrainsurgente y dominación* (Bogotá: Siglo del Hombre Editores e IPC).

Friedlander, Saúl (2007) [1992], "Introducción", en Saúl Friedlander (comp.), *En torno a los límites de la representación* (Buenos Aires: Universidad Nacional de Quilmes).

Fundación Social (2008), "Ficha de seguimiento al Proyecto de Ley 004 de 2008 Cámara, 157 de 2007 Senado", en <http://www.observatorio.derechoshumanosypaz.org/>.

Gatti, Gabriel (2008), *El detenido-desaparecido: Narrativas posibles para una catástrofe de la identidad* (Montevideo: Trilce).

Geertz, Clifford (1989), *El antropólogo como autor* (Barcelona: Paidós).

González Stephan, Beatriz (1996), "Economías fundacionales: Diseño del cuerpo ciudadano", en Beatriz González Stephan (comp.), *Cultura y tercer mundo: Nuevas identidades y ciudadanías* (Caracas: Nueva Sociedad).

Jackson, Michael (1998), *Minima Ethnographica: Intersubjectivity and the Anthropological Project* (Chicago y Londres: The University of Chicago Press).

Jiménez-Ocampo, Sandro (2008), "Los discursos de transición y los sistemas de atención a víctimas como dispositivos de gestión del conflicto armado en Colombia", en Sandro Jiménez-Ocampo (comp.), *Desplazados, víctimas en permanente transición: Repensar la relación conflicto-posconflicto en Colombia como reconstrucción ética y política de la sociedad* (Cartagena: Universidad de San Buenaventura).

Kleinman, Arthur y Joan Kleinman (1996), "Suffering and its Professional Transformation: Toward an Ethnography of Interpersonal Experience", en Michael Jackson (ed.), *Things as They Are: New Directions in Phenomenological Anthropology* (Bloomington e Indianapolis: Indiana University Press).

Lagos, Diana y D. Kemec (1990), "Represión política e impunidad en Argentina", ponencia presentada en el Seminario Internacional Tortura: Aspectos Médicos, Psicológicos y Sociales. Prevención y Tratamiento, Santiago de Chile, 15-18 de noviembre.

Lechner, Norbert y Pedro Güell (2006), "Construcción social de las memorias en la transición chilena", en Elizabeth Jelin y Susana Kaufman (comps.), *Subjetividad y figuras de la memoria* (Buenos Aires y Nueva York: Siglo XXI Editora Iberoamericana y Social Science Research Council).

Lefranc, Sandrine (2002), "La 'justa distancia' frente a la violencia", en *Revista Internacional de Ciencias Sociales*, n.° 174 (Ginebra).

Levi, Primo (2005), *Trilogía de Auschwitz* (Buenos Aires: El Aleph).

Levinas, Emanuel (1987), *De otro modo que ser o más allá de la esencia* (Salamanca: Sígueme).

Lira, Elizabeth e Isabel Castillo (1991), *Psicología de la amenaza política y del miedo* (Santiago de Chile: CESOC).

Loveman, Brian y Elizabeth Lira (2004), "Marco histórico: Terrorismo de Estado y tortura en Chile", en Patricia Verdugo (ed.), *De la tortura no se habla* (Santiago de Chile: Catalonia).

—— (2002), *El espejismo de la reconciliación política: Chile 1990-2002* (Santiago: Dibam-LOM).

Mamdani, Mahmood (1997), "Reconciliation without Justice", en *Southern Review*, vol. 10, n.º 6.

Marcus, George y D. Cushman (2003), "Las etnografías como textos", en Clifford Geertz, James Clifford *et al.*, *El surgimiento de la antropología posmoderna* (Barcelona: Gedisa).

Mate, Reyes (2003), "En torno a una justicia anamnética", en José María Mardones y Mate Reyes (eds.), *La ética ante las víctimas* (Barcelona: Anthropos).

Minow, Martha (1998), *Between Vengeance and Forgiveness: Facing History after Genocide and Mass Violence* (Boston: Beacon Press).

Misión de Apoyo al Proceso de Paz en Colombia de la Organización de Estados Americanos (MAPP/OEA) (2007), "Octavo informe trimestral", en <www.mapp-oea.net>, 14 de febrero.

Moulian, Tomás (2004), "El gesto de Agüero y la amnesia", en Patricia Verdugo (ed.), *De la tortura no se habla* (Santiago de Chile: Catalonia).

Movimiento Nacional de Víctimas de Crímenes de Estado (Movice) (2009), *Sin justicia y sin paz: Verdad fragmentada, reparación ausente* (Bogotá: Movice).

―――― (2008), "Pronunciamiento sobre el Proyecto de Ley 157 de 2007", en <www.movimientodevictimas.org>, 9 de septiembre.

Oficina del Alto Comisionado de las Naciones Unidas para los Derechos Humanos (OACNUDH) (2008a), "Informe de la alta comisionada de las Naciones Unidas para los Derechos Humanos sobre la situación de los derechos humanos en Colombia", en <http://www.hchr.org.co>, 28 de febrero.

―――― (2008b), "Presentación en la audiencia pública sobre el proyecto de ley por el cual se dictan medidas de protección a las víctimas de violaciones de la legislación penal, de normas internacionales de derechos humanos y del derecho internacional humanitario en el marco del conflicto colombiano", en <http://www.hchr.org.co>, 12 de junio.

Partido Liberal (2008), "Comunicado del Partido Liberal a la opinión pública", en <http://www.observatorio.derechoshumanosypaz.org/>, 18 de noviembre.

Pérez-Sales, Pau (1999), *Actuaciones psicosociales en guerra y violencia política* (Madrid: Ex Libris).

Pollak, Michael (2006), *Memoria, olvido, silencio: La producción social de identidades frente a situaciones límite* (La Plata: Al Margen).

Presidencia de la República (2009), "Comunicado de prensa", en <http://web.presidencia.gov.co/sp/2009/junio/18/05182009.html>, 18 de junio.

Restrepo, Juan Diego y Vilma Liliana Franco (2007), "Dinámica reciente de reorganización paramilitar en Colombia", en *Controversia* (Bogotá: Cinep).

Ricoeur, Paul (2003), *La memoria, la historia, el olvido* (Madrid: Trotta).

Rodríguez I., Nicolás, (2009) "No somos Comisión de Verdad", entrevista a Gonzalo Sánchez, en *El Espectador* (Bogotá), 26 de septiembre.

Romero, Mauricio y Angélica Arias (2010), "Sobre paramilitares, neopa-ramilitares y afines: Crecen sus acciones. ¿Qué dice el Gobierno?", en *Arcanos*, n.º 15 (Bogotá).

—— (2008), "Bandas criminales, seguridad democrática y corrupción", en *Arcanos*, n.º 14 (Bogotá).

Saunders, Rebecca (2008), "Lo que se pierde en la traducción: Expresiones del sufrimiento humano, el lenguaje de los derechos humanos y la Comisión Sudafricana de Verdad y Reconciliación", en *Sur, Revista Internacional de Derechos Humanos*, n.º 9 (São Paulo: Conectas).

Semprún, Jorge (1998), *La escritura o la vida* (Barcelona: Tusquets).

Sontag, Susan (2003), *Ante el dolor de los demás* (Buenos Aires: Alfaguara).

Spivak, Gayatry (2003), "¿Puede hablar el subalterno?", en *Revista Colombiana de Antropología*, vol. 39 (Bogotá), enero-diciembre.

Sucasas, Alberto (2003), "Interpelación de la víctima y exigencia de justicia", en José María Mardones y Mate Reyes (eds.), *La ética ante las víctimas* (Barcelona: Anthropos).

Wilson, Richard (2004), *The Politics of Truth* (Cambridge: Cambridge University Press).

REVISTAS Y PUBLICACIONES SERIADAS

El Espectador (2010), (Bogotá), 7 de mayo.

El Espectador (2010), (Bogotá), 19 de junio

El Espectador (2009), (Bogotá), 26 de septiembre

El Espectador (2008), (Bogotá), 21 de octubre

El Espectador (2008), (Bogotá), 31 de mayo
El Tiempo (2009), (Bogotá), 9 de febrero
El Tiempo (2008), (Bogotá), 17 de julio
El Tiempo (2008), (Bogotá), 22 de octubre
El Tiempo (2008), (Bogotá), 19 de octubre
El Tiempo (2008), (Bogotá), 24 de julio
El Tiempo (2008), (Bogotá), 22 de julio
El Tiempo (2008), (Bogotá), 14 de julio
El Tiempo (2007), (Bogotá), 21 de julio
El Tiempo (2007), (Bogotá), 23 de abril
Gaceta del Congreso (2008), (Bogotá), n° 256
Gaceta del Congreso (2007), (Bogotá), n° 634
Gaceta del Congreso (2007), (Bogotá), n° 502
Prensa Nacional (2007), (Bogotá), 16 de mayo
Semana (2010), (Bogotá), 19 de mayo
Semana (2009), (Bogotá), 19 de julio
Semana (2009), (Bogotá), 17 de junio
Semana (2008), (Bogotá), 12 de noviembre
Semana (2007), (Bogotá), 8 de diciembre

LEYES Y DECRETOS

Corte Constitucional, 2008, Sentencia T-049-08
Decreto 1290 de 2008
Decreto 128 de 2003
Ley 975 de 2005

ENTREVISTAS

Entrevista a C. T.: Carolina Torres, 2010
Entrevista a G. S.: Gonzalo Sánchez, 2010
Entrevista a I. C.: Iván Cepeda, 2010
Entrevista a M. D.: Marcela Duarte, 2010
Entrevista a M. M.: Myriam Moreno, 2010
Entrevista a M. V. U.: María Victoria Uribe, 2010
Entrevista a R. M.: Rogelio Martínez, 2010